朝日新書
Asahi Shinsho 950

民主主義の危機

AI・戦争・災害・パンデミック――
世界の知性が語る地球規模の未来予測

イアン・ブレマー
フランシス・フクヤマ
ニーアル・ファーガソン
ジョセフ・ナイ
ダロン・アセモグル
シーナ・アイエンガー
ジェイソン・ブレナン

大野和基　聞き手・訳

民主主義の危機

ＡＩ・戦争・災害・パンデミック――世界の知性が語る地球規模の未来予測

目次

Chapter 1

第3次世界大戦への危機

Chapter 2

「寛容」が損なわれる世界

フランシス・フクヤマ　Francis Fukuyama

Chapter 3

衰退期に差し掛かるアメリカ
岐路に立つ民主主義の二面性

ニーアル・ファーガソン　Niall Ferguson

Chapter 4

「文明の衝突」は終わらない

ジョセフ・ナイ　Joseph Samuel Nye Jr.

Chapter 5

社会規範に根ざしたバランス感覚

国家権力と社会のあり方を浮き彫りにしたパンデミック

ダロン・アセモグル　Daron Acemoglu

Chapter 6

日本人にイノベーションは起こせるか

シーナ・アイエンガー　Sheena Iyengar

写真／大野和基

Chapter 1

第3次世界大戦への危機

ウクライナ戦争から見る民主主義

Ian Bremmer

イアン・ブレマー

国際政治学者／「ユーラシア・グループ」社長

1969年、米マサチューセッツ州生まれ。94年、米スタンフォード大学で博士号取得。25歳で同大学フーヴァー研究所の最年少研究員。98年、世界の政治リスクを分析するシンクタンク「ユーラシア・グループ」設立。同社が毎年示す「世界の10大リスク」で2024年の1位には「アメリカ国内の分断」を挙げた。2023年の1位には「ロシア」を挙げていた。著書に『対立の世紀：グローバリズムの破綻』（奥村準訳）など。

アメリカの敵はアメリカ

私が率いるシンクタンク「ユーラシア・グループ」では、世界の政治リスクを分析しています。例年、年のはじめに、「世界の10大リスク」を発表しています。昨年は、「ならず者国家・ロシア」を1位に選定しました。そして2024年に挙げたリスクの1位は「アメリカ国内の分断」です。すなわち「アメリカの敵はアメリカ」という状況こそ、世界最大の懸念材料と私たちは考えます。

世界80億人の運命に関わる意思決定を下すトップ中のトップリーダーを選ぶのがアメリカの国民ですが、その数はわずか1億6000万人に過ぎません。勝敗はわずかな激戦州の数万人の有権者によって決定されるのです。

そして今秋行われる大統領選挙において、今、共和党の有力候補者として再び脚光を浴びるのがドナルド・トランプです。大統領選に向けた共和党候補指名争いの初戦となる2024年1月15日の中西部アイオワ州の共和党員集会において、トランプは51％の

2024年の10大リスク

1位	アメリカ国内の分断
2位	瀬戸際に立つ中東
3位	ウクライナ分割
4位	AIのガバナンス欠如
5位	ならず者国家の枢軸
6位	回復しない中国
7位	重要鉱物の争奪戦
8位	インフレによる経済的逆風
9位	エルニーニョ再来
10位	分断化が進むアメリカでビジネス展開する企業のリスク

（ユーラシア・グループの資料「2024年10大リスク：Top Risks 2024」を基に作成）

得票で圧勝しました。続く、1月23日、ニューハンプシャー州の予備選挙でも勝利し、候補に選ばれることはほぼ確実と見られています。議会襲撃事件など四つの事件で起訴され、計91件の罪に問われる中、岩盤支持層を中心に高い支持を得ているのです。

一方の民主党候補指名争いでは、現役大統領のジョー・バイデンが最右翼という状況です。バイデンは81歳、トランプは77歳です。両党ともに、敗北すればその結果を受け入れようとはしないでしょう。こうした分断の時代はまだまだ続くと考えられ、世界最大の強国の政治は、まさしく〝とんでもない状況〟にあると言えます。

遠のいた「二国家解決」

2023年10月7日、パレスチナ自治区ガザ地区を実効支配するイスラム教スンニ派組織「ハマス」が、イスラエルへの攻撃を始めました。ガザは、人口220万くらいで極めて貧しく、国家としての地位はありません。一方、ヨルダン川西岸地区は人口350万ほどでパレスチナ自治政府が統治しているのですが、実際はうまくいっていない。

こちらはイスラエルの国家としての存在を認めています。

私は、「二国家解決」といった方法を提唱しています。それは「イスラエルと、将来独立したパレスチナ国家が平和かつ安全に共存する」という解決法です。しかしそれは、パレスチナが自国を統治し、経済や外交、国境についてコントロールする能力があればの話であって現在はその状況からほど遠い。

もっと踏みこんで言えば、この二国家解決は、二つの理由で道がなくなったと思います。

一つは中東が動いたということです。中東諸国は、公式であれ非公式であれ、イスラエルと関係を築くことに関心を持っています。つまり、パレスチナ問題の解決とは無関係に、進んで良好な関係を築きたいと思っています。それはトランプ政権下でのアブラハム合意（2020年、アラブ首長国連邦〔UAE〕やバーレーンなどがイスラエルと国交正常化した）でも見られました。

この合意によってUAE、バーレーン、モロッコはイスラエルとの外交関係を築きました。今、ドバイやアブダビに行くと、イスラエルの観光客がお金を使って観光を楽しんでいますから、UAEの人にとても歓迎されています。10年前、20年前には考えられなかったことです。実際サウジアラビアは、数カ月以内にイスラエルと同意を交わし、外交の道を開くところだったのです。

イスラエルは地政学的にこの何十年で最も強力な地位を獲得するところでした。これまでずっと敵に囲まれていましたが、今やビジネスができる国に囲まれるようになったからです。

ではパレスチナ人はどうか。これだけイスラエルが周辺国とビジネスをするようになっても、パレスチナ人には何の経済的恩恵もありません。

2023年10月7日にハマスがイスラエルに起こした奇襲攻撃は、イスラエル人の意識に大きな打撃を与えました。想像を絶する打撃です。ホロコースト以来、「安全な避難先（safe haven）」として与えられ、1973年以来、数々の隣国との戦争を経験して、イスラエルは世界中の国境のセキュリティでは「ゴールド・スタンダード」（評価や質の高さに関する認証基準）を誇っていました。それなのに、今回の奇襲攻撃を察知できず、防ぐことができなかった失態は、ネタニヤフ首相にとって永久にマイナスのレガシーとなるでしょう。

普段、イスラエルは政治的に分裂していますが、今のイスラエルは一丸となってこの襲撃にどう対応するか、人質をどうやって取り戻すかが最優先事項となっています。

ガザに入ってハマスのリーダーシップを排除し、二度とこうしたことが起こらないようにすることが最も重要とされています。イスラエル内にもハマスが侵入している可能性が非常に高いので、それを見つけ出して無力化することも重要です。イスラエルにしてみれば、ハマスにこれほどの襲撃ができるとは思ってもいなかったことでしょう。

今回の襲撃についてはアメリカにとっての9・11と比較できますが、異なるのは、アメリカとイスラエルの地理的な位置です。イスラエルは領土が小さく、地政学的に良い位置にありません。この襲撃で私が懸念しているのは、この戦いが周辺国を巻き込み、さらに広がることです。イスラエルの国防相が「ハマスはinhumane animals（残酷な動物）である」と言いました。ハマスを壊滅させたい気持ちは理解できますが、戦いが拡大することで、最悪なのはイスラエルそのものも終わってしまうことです。そのことをイスラエルは理解しなければなりません。ハマス襲撃の帰結として、戦いがどんどん拡大し、最終的にイスラエル自体が最も危機にさらされかねないのです。

追い詰められたと感じたハマス

ハマスがこの襲撃を実行しようと決めた時点で、彼らに未来はありませんでした。ここでは二つのことが考えられます。ロシアの民間軍事会社の創設者プリゴジンとのアナロジーで見てみましょう。自分たちの置かれた環境が、イスラエルから攻撃を受けたときに防御できないと気付き、その周辺地域からのサポートも失っている状態で、しかもサウジアラビアはイスラエルと関係を正常化させようとしていました。ハマスにはそれを止める力もなく、ますますイスラエルはハマスに対して厳しい態度をとるようになっていました。その点から見るとハマスは追い詰められていたと感じたのです。自分たちに残された選択は〝悪い選択〟しかなかったのです。

そういう状況に置かれると、人は無分別なことをします。2006年1月、パレスチナ立法評議会選挙でハマスが過半数の議席を獲得しました。なぜ人々はハマスに投票したのでしょうか。もしあのとき教育も経済も良好であれば、ハマスには投票しなかったでしょう。状況が悪化すればするほど、人はすべてを焼き尽くしてしまうような組織に投票しがちです。これは裕福で安定した国にとっても教訓になります。

もう一つ考えられる動機は、ハマスのイデオロギーを広げようとする試みです。ハマスはイスラエル人をもっと急進的にしようとして、ヨルダン川西岸のパレスチナ自治政府を弱体化しようとしています。ハマスは人間の盾を使って、できるだけ多くの民間人を殺害し、イスラエルの行動を困難に陥れようとしています。ハマスはガザだけではなくヨルダン川西岸地区にいるパレスチナ人も急進的にして、一丸となって、イスラエルを破壊しようとしています。

イランはかかわっていたのか

今回イランがハマスの襲撃を画策したかどうかが問題になっています。もしそうであるならば、レバノンのヒズボラ（シーア派イスラム主義の政治・武装組織）が襲撃に参加していたでしょう。

最新のアメリカのインテリジェンスによると、イラン自身がハマスの襲撃に驚いていることがわかったので、イランはこの襲撃のバックにはいない。しかし、まったく関係がないということはないでしょう。ハマスによる襲撃の訓練にイランがかかわっているはずです。ただその訓練にかかわったことと、今回の襲撃はまったく別のこととして見なければなりません。とはいえ、2024年2月、ヒズボラとイスラエル軍との間で戦闘が激化し、緊張が高まっています。

1973年の第四次中東戦争のときは、イスラエルが存続できるかどうかが問題になりましたが、イスラエルの現在の防衛力は、イスラエルへのいかなる安全保障上の脅威をも圧倒しているので、存続にかかわる脅威はない。この襲撃のショックは、イスラエルが国境のセキュリティから目を離していたことにありますが、領土の保全を確保するリソースと能力はあります。その地域の最もパワフルな国々は外交上イスラエルを承認しています。だから、イスラエルがガザに入って数週間後にはハマスのリーダーシップを排除することでしょう。

アメリカはイスラエルとの連帯を支持していますが、ガザへの侵入を最小限にせよという圧力はかけていません。バイデンは「ガザへの『無差別』爆撃によって、イスラエルは支持を失いつつある」とも発言しました。

パレスチナ自治区ガザ地区の南端にあるラファはイスラエル軍から激しい空爆を受けています。150万人が避難生活を送っていると見られています。こうした中、アメリカは休戦に向けた交渉も関係国に呼びかけています。

今、アメリカが最も重点を置いているのは、人道的支援としてエジプトに対してラファとの境界を開けるよう説得することです。アメリカが空母を派遣していますが、それはあくまでも戦争が拡大しないようにする抑止のためなのです。いずれにせよ、この戦いは殲滅《せんめつ》戦ですから、相当ひどいことになることは確かです。

リアルな代理戦争はまだ続く

中東でのこの戦いとともに、いまだ続いているのがロシアとウクライナの戦争です。

これに関して、米機密情報の漏洩が2023年4月9日、明らかになりました。

この中には2022年9月、ウクライナ南部クリミア沖でロシア戦闘機がイギリスの偵察機にミサイルを発射した事件について、「撃墜寸前」だったことを示す機密文書が含まれていました。

当時、イギリス政府はロシア機による「誤作動」と公表していたのですが、実は、イギリスとロシアの直接の戦いになったかもしれないという極めて危険なものでした。その結果、アメリカを巻き込むことになったかもしれません。

欧米はロシア軍を監視し、その情報をウクライナに提供しています。アメリカはどこよりも多く武器や軍装備品を提供し、軍事訓練やインテリジェンスも行っている。イギリスもポーランドも同様です。

ですから今起きているのはリアルな代理戦争で、リアルな危険が作り出されています。

焦点はプーチン大統領が核兵器を使うかどうかです。

ホワイトハウスはクレムリンに対し、もし核を使えばアメリカが直接戦争に乗り出し、ウクライナや黒海でロシア軍を攻撃し、この侵略戦争を続行できないようにすると釘を刺しました。つまり、ロシアが核兵器を使うことが事実上のレッドラインだということです。

けれどもプーチンがそれを越えるには、破れかぶれにならなければ無理でしょう。しかし、プーチンはそのような状態にありません。プーチンの国内支持率は依然として高く、大きな権力基盤を固めています。ロシア経済は制裁を受け続けても、さほど悪い状態ではなく領土を失っていない。

一方、ウクライナは欧米の支援を受けてもロシア国内奥深くまで攻撃する軍事力はありません。これらを総合すると、ロシアが核攻撃に出る可能性はきわめて低いと言えます。

今後ロシアがとる形態としては、大量破壊兵器や核によって無差別殺戮《さつりく》を引き起こす「垂直的攻撃」よりも、外交・経済・情報・軍事的要素を含む地理的拡大を目指す「水平的攻撃」になるのではないでしょうか。

地政学的に言ってこの戦争は１９６２年のキューバ危機以来、もっとも危険な状況です。冷戦時代よりもはるかに危うい。

中ロが手を組む理由

冒頭にもお話ししたように、私が代表を務めるシンクタンク「ユーラシア・グループ」では毎年「世界の10大リスク」を発表しています。２０２３年の2位には、中国の習近平・国家主席への権力集中を挙げています。習氏は２０２２年10月の中国共産党大会で異例の総書記3期目続投を決めたことから、私たちは、毛沢東以来の「比類なき権力」を握ったと指摘しました。

そして1位には「ならずもの国家・ロシア」を挙げました。独裁政権や国家資本主義政権、覇権主義をとる中国とロシアの関係について私は次のように見ています。

中ロ関係は２０２２年の冬季北京オリンピック開幕時に両首脳が会談したときの状態に戻っていると思います。つまり、中国がロシアを支援するための強力なパートナーシップを築いている。

２０２３年3月20日と21日、プーチン大統領と中国の習近平・国家主席による首脳会談がモスクワでありました。この会談で中国は、ロシアに対して12項目の和平計画を提案しました。

その一方で、中国はウクライナ危機において、必要以上にヨーロッパを敵視しないことにアドバンテージを見いだしてもいます。これは「戦争にかかわらない」ということを意味しています。ロシアへの和平提案は、中国が「戦争の調停者」と見られたくて行ったにすぎないでしょう。中国はロシアに和平交渉のテーブルにつくよう積極的に働きかけたわけではないのです。

ウクライナのゼレンスキー大統領に対しても同様です。フランスのマクロン大統領はその和平案を支持していましたが、中国はこの件についてヨーロッパからあまり信用されていないと思います。もっとも、ヨーロッパでビジネスを続けるのに大きな信用は必要ありません。

NATO（北大西洋条約機構）は対ロシアでは90％の団結があるのに対し、対中国では60％しか団結していません。中国はそのギャップに付け込んで国際社会における存在感を示そうとしています。

西側がヨーロッパやユーラシアにおけるロシアの影響を封じ込めようとしているのと同様に、西側はアジアでの中国の影響を封じ込めようとしていると中国自身が信じている点で、中国の世界観はロシアと似ています。中ロが手を組む理由の一つです。

中国はロシアよりはるかにパワフルです。両者を比較すれば、経済・外交いずれも中国の方が采配を振る力が上です。私たちが知る限り、中国はアメリカによる対ロシア制裁を破っていません。ロシアへの重要な軍事支援をしていないのです。最大の理由は、そんなことをすれば深刻な制裁を科され、ヨーロッパを敵に回すと中国自身が理解しているからです。

第三極を目論むマクロン大統領

米中関係についてここ数年、「新冷戦」という見方をする人がいます。

しかし、バイデン大統領は冷戦を望んでいません。

米中間における貿易での相互依存度は過去最高レベルに達しています。もし、政治・

大野和基氏のインタビューに答えるイアン・ブレマー氏（右）＝米国マンハッタンにある「ユーラシア・グループ」のオフィスで

外交分野で両国が敵対関係になれば互いに深刻なダメージを受けてしまう。

もちろんアメリカと同盟関係にある国々も中国との戦争など望んでいません。日本はアメリカとの強固な軍事関係を築く一方で、中国とはより強力な経済関係を望んでいます。これは韓国にもオーストラリアにもドイツにも当てはまります。

フランスも自国企業のCEOを中国に連れてトップセールスを行っていました。特にマクロン大統領は、アメリカに依存しない三つ目のスーパーパワー（第三極）にEUがなることを望んでいます。

仮に、アメリカと中国が戦おうとしたところで二国間だけでは冷戦にはなりません。他の国々がかかわっていなければ冷戦になりようがないのです。1991年のソ連崩壊のときまで、世界は東西二つのブロックに分かれて、各国はいずれかの陣営について対立していましたが、今はそのような状況にありません。

現在の対立が、5年後、10年後に冷戦が起きるような状態に追いやられるかもしれないと想像することはできるでしょう。しかし、それはあらゆる国にとって非常に悪い結果になります。特に板挟みになっている国にとっては悪い結果になるでしょうが、今はそのような状況ではありません。

ウクライナ戦争が始まるまで、私たちは「核の均衡」(nuclear balance)についてあまり議論してこなかったように思います。ソ連が崩壊したとき、西側諸国はみな「素晴らしいことだ、もう核の均衡について危惧する必要はない」と手放しで喜びました。しかし、ロシアは非核化しなかったのです。核兵器を所有したままでした。

ですから、今のプーチンと欧米との関係は、冷戦末期のソ連のリーダーたちと欧米との関係よりもはるかに悪い。米中関係よりもむしろ今、米ロ関係のほうが不安です。そして、ウクライナでの代理戦争は冷戦期よりもはるかにひどい状態です。

この先、たとえ停戦を迎えたとしても、それは「凍結状態」に過ぎないでしょう。ロシアとの間に真の和平はありません。

アメリカと中東諸国

バイデンは、ウクライナ戦争について、ロシアの専制から自由や民主主義を守る戦いであると位置づけています。

プーチンを「専制君主」「独裁者」と名指しし、理念や世界観の対立であると強調しています。これは、バイデンが81歳という高齢であり、人生の大半を〝民主主義vs.独裁主義〟という構図の中で生きてきた人物であるから、いささか仕方ない面があるかもしれません。

けれども21世紀の世界において、「民主主義と独裁主義との戦争」といった見方は間違いです。

2023年3月10日、サウジアラビアとイランが中国の仲介によって、外交関係を再開することで合意しました。4月6日には両国外相が北京で久々の会談に臨みました。中国はサウジとイランの高官を北京に招待しています。ここでも中国は和平協定の調停をし、アメリカはまったく関与していません。なぜでしょうか。

バイデンが呼びかけた「民主主義のためのサミット」に中東から参加した国はイスラエルとイラクだけでした。

もしバイデンが言うように世界が民主主義国家と独裁主義国家の二つしかないとすれ

ば、アメリカは中東諸国に対して「あなた方は我々の側にいない」と言っているに等しい。

けれども中東諸国やグローバルサウスと呼ばれる新興国・途上国の最近の動きを見ていると、ウクライナ戦に対する彼らの見方は中国に近いと言えます。戦争が早く終結し、対ロシア経済制裁が早く終わってほしいと思っている。

グローバルサウスの人々は、「アメリカは偽善者である」と思っています。アメリカがウクライナへの施策に一千億ドルもの予算を使っているのは、ウクライナ人を〝ヨーロッパの白人〟だと思っているからだと彼らは考えています。もし、ウクライナ人の肌がブラウンであれば、アメリカ人はさほどウクライナを気にかけないだろうと思っています。だからアメリカ人は偽善者であると思われているのです。

「民主主義輸出国」の手本

もしアメリカが、世界は民主主義体制と独裁主義体制しかないと本当に考えているのなら、世界中の国々に対して、アメリカの民主主義こそがアメリカで信じられているものであり、それを守るために大いに努力をし、投資することを知らせるために力を尽くさなくてはならない。

世界中の民主主義国家に対して、まだまだやるべきことがあると説得しなければなりません。とはいえ、アメリカの民主主義をうらやむ国などもはやない、というのが現実でしょう。

1989年にベルリンの壁が崩壊したとき、旧東側はアメリカを「民主主義輸出国」の手本と見ました。アメリカは世界の中で民主主義の主要輸出国でした。でも今日そんな状況にはありません。日本やドイツを見て、このような国に自分の国もなってほしいと思う人はいるかもしれませんが、アメリカのような国になりたいと思っている国など、どこにもないのです。

「悪魔化」するロシア

人を戦争犯罪人として語るとき、それはもはや知的訓練ではなく、感情的訓練によってなされたものと言えます。

プーチン政権の側近は、欧米から「社会ののけ者」（pariah）と見られていることを理解しています。そのようないわばロシアの「悪魔化」という見方は、ロシア自身の行動によって完全に正当化されますが、それでも今後、欧米に対するロシアの政策決定がどれほど理にかなったものであるかは疑問があります。

何をしても逮捕されるか、あるいは、「死んでほしい」と思われているなど、いい選択肢が残されていない場合、人間というのは、理不尽な行動に出る可能性が高くなります。

一例ですが、アルコールや薬物に依存した人のことを考えてみてください。そういう人は、非理性的な行動に出ることが多いのですが、彼らは人生のある段階で突然悪いことが身に起きてしまい、心に大きな傷を負う経験を持っている場合が多い。その経験から無力感を覚え、その経験に対して生産的に対処する方法がないと感じています。

プーチンは2022年2月、ウクライナに侵攻するという決断をしました。今の例えと同様、プーチンには、起こったことに対する生産的な対処方法がないと感じていると私は思います。2月23日以前の状態にプーチンを戻すことができるものは、何もありません。

これがまさに、非合理的な決断の誘発要因を作り出すコンテクストと言えるのです。プーチンのようなリーダーにとっての究極の決断は、核兵器の使用でしょう。先ほども言ったようにプーチンが核兵器を使用する可能性は低いと思われますからそれは起きえないと断言できたらよいのですが、残念ながらそうとは言い切れない側面もあります。

ロシア側はこの戦争について、アメリカをはじめとするNATO加盟国による「代理戦争」であると考えています。ですからロシアは代理戦争であるかのように国際社会に向けて発言し、そのように振る舞っています。ロシア側が完全にウクライナを負かすことができないのは、単にウクライナと戦っているだけではなく、NATO加盟国すべてと戦っているからです。

アメリカがウクライナ軍に訓練やインテリジェンスを提供し、武器や軍装備品も提供していることを理解することは重要です。

アメリカはどの国よりも多くのものをウクライナに提供していますが、ポーランドもイギリスも他の政府も提供しています。もしあなたがロシア側の人物であれば、これは直接的な代理戦争であると信じる正当な理由があります。そして、繰り返しになりますが、この状態は冷戦よりもはるかにひどいと言えます。米中間は冷戦に至っていませんが、米ロ間は冷戦以上です。

アメリカの構造的弱点

バイデン大統領は、生涯公職に捧げてきた善意の人です。ですからバイデンが「民主主義と独裁主義の戦争である」と発言したことは、彼がそれを本気で信じているということだと思います。

しかし私たちはここで、トランプが次期大統領選の共和党指名候補になりそうだということを認識しなければなりません。トランプは4年間大統領を務めました。二期目の選挙で敗れはしましたが、また次の4年間、大統領になってもおかしくありません。

中国が習近平によって少なくとも15年、あるいはそれ以上の年月を主導し、間もなく世界最大の経済大国になるとしたら、先進国が問題を抱えることは間違いありません。つまり中国は長期的な政策を遂行する意思や能力において、ますます信用性が出てくるということです。

一方、アメリカはイランとＪＣＰＯＡ（包括的共同行動計画＝イランの核兵器開発を大幅に制限する合意）を結んでも、次期政権で離脱する可能性があるので問題が出てくるのです。これは国際社会におけるアメリカの構造的な弱点です。アメリカには数多くの優れた面がありますが、これは弱点と言えます。

バイデンは、法の規範、準備通貨、起業家精神、安全保障条約などいろいろなことを口にしますが、アメリカが唯一、弱い面である政治システムについて口にしてしまったのです。これは言うべきではありませんでした。

先ほどの話と関連して整理すると、バイデンが81歳という高齢であること、バイデンはその人生の大半を、「民主主義vs.独裁主義」という構図の世界で生きてきたことがこうした発言をした背景にあります。冷戦末期の１９８９年にはその構図は大いに理にかなっていましたが、バイデンは２０００年代以降の大統領であって、１９８９年の大統領ではないのです。

アメリカにとっての「選択した戦争」

コロンビア大学のジェフリー・サックス教授は、最終的にこの戦争の経済面での敗者はロシアではなく、ウクライナであると警告しています。アフガニスタンでのアメリカの失敗経験を引き合いに出しています。アメリカはアメリカ版の民主主義をアフガニスタンやイラクなどに輸出して定着させようとしてきました。

しかし、アフガニスタンは明らかに失敗でした。２００１年に始まったアフガン戦争は20年間も続きました。これはアメリカ史上最も長い戦争です。アメリカが撤退したあと、タリバンが政権を奪取しましたが、今日のアフガニスタンには、女性の権利、法の順守、基本的人権は存在しません。ですから、２・３兆ドル（約250兆円）以上という莫大なお金を使い、２０００人以上の米軍の命が失われたにもかかわらず、そして、これだけの苦難を経たにもかかわらず、アフガニスタンでの戦争は失敗でした。明らかな失敗です。それを言うのは心が痛みますが、それが現実です。

イラク戦争を行った決断は、間違ったインテリジェンスに基づいてなされました。誤解されたものもあるし、一蹴されたインテリジェンスもあります。それは「選択した戦争」(war of choice) です。

ほとんどのイラク人はサダム・フセインが消えて非常に満足していると思います。しかし、アメリカによってなされた間違いが、その後の内戦につながり、イラク国内にアルカイダと「イスラム国（ＩＳＩＳ）」の台頭を引き起こし、ますます危険になり、破壊的になっていきました。

２０２３年時点のイラクは、サダム・フセイン下のイラクよりも明るい未来があると思います。制度も、より平等になり全体的によいものとなっています。もちろん多くの内紛が起きていますが、それでも道のりは以前より明るい。しかし、アメリカが深くかかわって引き起こした苦難、危険、殺害など起きる必要はなかったことが、実際に起きてしまいました。

約30%縮小したウクライナ経済

ウクライナについて話を戻すと、２０２３年12月14日、ＥＵ（欧州連合）は、ＥＵ首脳会議でウクライナとの加盟交渉開始を決定しました。それは戦争が起きる前と比べると、より明るい未来を保障するでしょう。８００万人のウクライナ人が移動させられ、10万人以上の戦争犠牲者を出し、何万もの戦争犯罪が起こりました。誰もそういうことを経験したくありません。

しかし、ロシアがウクライナ侵攻を行ったとき、ウクライナ人はロシアによる侵攻に対して、自分たちの領土を守ろうと必死に戦うことを望みました。２０１４年のクリミア戦争で取られた領土も取り戻したいと考えることに疑問の余地はありません。

彼らは和平を求めているのではないのです。欧米がウクライナを支援していることはよいことですが、世界中で平和のために戦っている他国への支援をもっと行うべきです。

戦争が終われば、ウクライナ再建のために、特にヨーロッパやＩＭＦ（国際通貨基金）

からの相当な支援があると思います。ウクライナ経済は2022年には30%ほど縮小しましたが、ロシア経済は3%しか縮小していません。長期的に見るとウクライナはさらに経済が縮小するので、国際的な支援をさらに必要とするでしょう。

とはいえ、その軌道は、ロシアの軌道よりもはるかに前向きです。もちろん戦争が起こらなかった方がはるかに前向きな軌道になりますが、戦争が起きてウクライナはかなりのものを失っています。

「NATO拡大」という考え

冷戦終結により東側のワルシャワ条約機構が消滅した一方で、NATOは加盟国を増やしています。2023年4月4日、フィンランドが軍事的中立の方針を転換して正式加入し、31番目の加盟国となりました。

フィンランドはこの戦争の前はNATO加盟に関心がありませんでした。スウェーデンもそうです。ロシアがウクライナを侵攻すると、フィンランドは800マイル（約1

280キロ）以上の国境をロシアと接しているので、ロシアはますます危険な国になっていると恐怖を覚えた。自分たちだけの防衛よりもより強固な同盟からの集団安全保障を必要としたのです。

「NATO拡大」という考えは、ロシア側から見ると悪意のある、帝国主義的な力だとほのめかされているように受け取っていることでしょう。もちろんそれは当たっていませんが、現実を見るとNATOは多くの失策をしています。正当化されない戦争にもかかわっています。

けれども、NATOに加盟するという決断は、それを望む国の国民や議会によってなされます。つまりNATOがフィンランドに強制的に加入させているのではなく、フィンランドが、加入させてほしいと願い出ているのです。

中国は国連憲章を支持し、領土決定やどの国の主権も支持すると言っています。主権はどの国際組織にも加盟できることを意味します。他の国に侵攻する権利はありませんが、どんな組織も加盟する権利を持っているということです。

フィンランドがNATOに加盟したいと思っているという現実は、国連総会で世界の過半数の国によって数回にわたって非難された不法行為の直接の結果です。ロシアのウクライナ侵攻は不法行為であるとみなされています。それは国連憲章違反です。ロシアに対して奪取した領土から即撤退するように求めるいくつかの決議がありますが、それは国際法で拘束力を持っています。

NATOはウクライナ戦争前から拡大していました。モンテネグロは比較的小さな国ですが、加盟しました。ロシアはNATOを敵対的同盟と見ているので、加盟国が増えているという事実を不愉快に思っています。

ロシア復興にお金は使いたくない

ソ連が崩壊したとき、ロシアはEUに統合されませんでした。NATOにも統合されませんでした。NATO・ロシア理事会は設立されましたが、特に何もしませんでした。G8（先進8カ国首脳会議）はありましたが、ロシアは追い出されました。その責任の一部はロシア側にあります。ロシアが「泥棒政治」（kleptocracy＝国の資源・財源を権力者が私物化する政治）になり、チェチェン、ジョージア（当時はグルジア）、そして2014年のウクライナで軍事攻撃を行ったからです。

しかし、アメリカ側もソ連が崩壊したときに、ロシアに対してマーシャルプラン（第二次大戦後のヨーロッパに対する経済援助計画）を提供しようとしませんでした。ソ連は、西側による一発の攻撃もなく崩壊したので、ロシア復興にお金を使いたくなかったのです。

そこで西側諸国は、東欧諸国など他のいくつかの国を統合するために多大な努力をしました。もっとも著名なのは東ドイツです。こうしてロシアは取り残されたと感じたのです。中国は、2001年にWTO（世界貿易機関）に正式加盟し、西側諸国の機関に統合されたことで以前よりはるかに経済的に豊かになり国力も強くなりました。ロシアはかつて大国でしたが、今は衰退の道をたどっているので、そうしたことからロシアは怒っているのです。

政府は自分たちを代表していない

多くの民主主義国は、自国の制度の価値が徐々に損なわれていることに注視しています。なかにはハイブリッドシステムになる国もあります。100％反転して独裁主義になった民主主義国家は多くはないはずです。アメリカでは2021年1月6日の議会襲撃事件、ブラジルでは2023年1月8日の首都ブラジリアでの議会や大統領府などの襲撃事件がありましたが、民主主義の制度にはレジリエンス（復元力、回復力）があります。アメリカ人に民主的な選挙を辞める意思はありません。

けれども、グローバリゼーションから取り残されたと感じている人は多くいます。自分たちの政府は自分たちを代表していないと感じている人は多いのです。現役のリーダーに怒っている人も多い。それが多くのポピュリズムを生み出し、さらに増幅しています。そのことは著書"US vs. THEM"（邦訳『対立の世紀：グローバリズムの破綻』）に書いた通りです。

独裁主義体制が持つ最大のアドバンテージで、20年前になかったものは、テクノロジーだと思います。

監視テクノロジーやデータ革命は企業や政府に、より高い支配力を持たせることができ、実際に民主主義を弱体化するような方法でテクノロジー面の力をつけた独裁主義体制に有利になることは間違いありません。

より多くのディスインフォメーション（故意に発信される偽情報）を作り出し、それがさらに分断を深めます。

特に生成系ＡＩとなると、中国はアメリカやヨーロッパや日本よりもはるかに進んでいます。それが民主主義国家にとっては、さらなるチャレンジを突き付けられていると言えるでしょう。

Chapter 2

「寛容」が損なわれる世界

リベラリズムの危機

Francis Fukuyama

フランシス・フクヤマ

国際政治学者／スタンフォード大学シニア・フェロー兼特別招聘教授

1952年生まれ。政治学者。アラン・ブルームやサミュエル・ハンチントンに師事。ランド研究所や米国務省などを経て現職。ベルリンの壁崩壊直前に発表された論文「歴史の終わり」で注目を浴びる。近著に『リベラリズムへの不満』（会田弘継訳）がある。

長期的視野で見る

30年前、私は著書『歴史の終わり』(渡部昇一訳、原題"The End of History and the Last Man")で政治制度の最終形態は自由主義と民主主義であり、それが広がれば安定した政治体制が作られ歴史は終わるという世界観を示しました。

それに対して批判されることがあります。「ロシアはいまもって残り、歴史は終わらなかったではないか」と。

軍事侵攻を続けるプーチンは「リベラリズムは時代遅れ」と宣言しています。『歴史の終わり』は非常に長い期間における歴史のダイナミズムをテーマにしています。その間にさまざまな出来事が起こり、前進や後退を繰り返します。

例えば、アメリカは第一次世界大戦でドイツを打ち負かす役割を果たしましたが、1920年代から30年代になると、ファシズムとスターリニズムの台頭が起こり、1945年には、アメリカが再び、ドイツ、イタリア、日本を破りました。

しかし、戦争に勝利しても永遠にそれが続くわけではなく、挫折を経験しています。そうであるならば、アメリカが将来大きな挫折を経験する可能性は十分あると言える。ですから、短い期間をとってそこからトレンドを予測することに意味はないと思います。長い歴史的スパンを視野に起きうることを考えなければなりません。

これからの50年、民主主義にとっての悪いシナリオを想像することはできますが、過去5年間を振り返ることで簡単に結論を出すことはできないのです。

変質するインド

近著『リベラリズムへの不満』(原題"LIBERALISM AND ITS DISCONTENTS")を執筆した動機は、今あらゆる国で「寛容」が損なわれているのを目の当たりにしたことが大きく影響しています。

多くの国でリベラリズムが左派からも右派からも攻撃されています。その中で重要なトレンドとなっているのが、ナショナリズムとポピュリズムの台頭です。この二つの要素は確立された宗教や文化にとっては大きな脅威になります。とりわけインドではナショナリズムが顕著です。

インドは、ガンジーとネルーによって建国され、宗教的にも言語的にも多様性に富んだ国です。しかしながら現在のインド与党は、宗教的に団結し、ヒンドゥー教のナショナリストの国になるようインドを変えようとしています。これはまさに"formula for disaster"（最悪の事態になる公式）であって"formula for violence"（必ず暴力が起きる）脅威となります。

もっとも国内では独裁主義的になっていますが、同時に外交政策においてはアメリカに近づいています。中国が危惧《きぐ》されるからです。インドはQUAD（日本、アメリカ、オーストラリア、インド4カ国の枠組み）の一つで、多くのことを他の西洋の民主主義国家と調整しています。ですから、外交政策は国内政策とはまったく異なる方向に動いていることを付け加えておきます。

ポピュリズムが広まった要因は、グローバリゼーションの結果、格差が拡大したことでしょう。多くの労働者階級の仕事が消えていく中で、エリート層はそんなことなど気にも留めていないように労働者たちは感じました。

政治的にはリベラルだと思っている人であっても、文化的には保守的な考え方をとる人たちにとって、ゲイやレズビアンやトランスジェンダーといったＬＧＢＴＱ（性的少数者）は容易には受け入れられないかもしれない。国としての経済成長も見込めず、社会的・文化的に彼らが慣れ親しんできたものとは異なる規範が、世界中で拡大し続けるという状況があります。

そうしたことへの不満が積もり積もったところに、それを打破するかのようにふるまうポピュリストたちが現われたことで、急激なポピュリズムの台頭を招いたのです。

その最たる象徴の一人であるドナルド・トランプは、熱狂的な支持を受けながらも、再選されなかったことを受け、「選挙が盗まれた」と嘘のストーリーを押し通そうとするという形でアメリカの民主主義を大きく傷つけ、とてつもない脅威となりました。

トランプがもたらしたポピュリストによる、既存の民主主義に対する国内からの攻撃は不安要素となるでしょう。我々が予想していないような方法で、国内の民主主義を攻撃してくるからです。そして２０２４年秋の大統領選において、その脅威は再び現実のものとなろうとしています。

ヘイトを黙らせたい若者

リベラルは、なぜかつてのように世界でもっと支持を広げられないのか。それは、反リベラルの声の多くが、リベラリズム自体に対してではなく、リベラリズムに対する歪んだ理解から来ていることです。

その一つが、経済政策におけるいわゆるネオリベラリズム（新自由主義）です。1980年代にレーガン大統領とイギリスのサッチャー首相の下で拡大し始めた一種の自由市場イデオロギーで、市場における自由競争こそ支配的な形態とみなされ、国家の役割は規制緩和や民営化によって縮小されたのです。

これが金融市場に多くの不安定要素をもたらし、人々の仕事が消え、収入面で大きな格差をもたらしました。グローバリゼーションの結果、格差が生まれ拡大していきました。

もう一つは、左派の人々が「個々人は自分の望むことを自由に選択できるべきである」と信じてきた自律性が揺らいでいることです。例えば今、多くの若者は、リベラリズムとは親世代や祖父母の世代が信じている古臭い考え方であるととらえています。自分たちよりも上の世代が「表現の自由」として認めていることに対し、彼らは人種差別主義者や性差別主義者による差別的な発言（ヘイト）については、強い力を用いてでも黙らせるようにしたいと思っています。

これは国家権力の乱用の結果、起きていることではなく、自分たちとは別の、彼らにとって〝保守的な意見〟を封じようとする〝文化的な試み〟と言った方が正しいと思います。進歩派、特に若者は、自分とは異なる意見を許容する気持ちはありません。これもきわめて反リベラルなトレンドです。

こうした二つの要素がリベラリズムを侵食し始めたと思います。

トランプ以後のイデオロギーシフト

アメリカにおける分断は1990年代からすでに始まっていました。それが2000年代初期に中国がWTO（世界貿易機関）に加盟したことで一気に分断が加速しました。これによってアメリカで数百万の失業を引き起こしたという経済的側面から分析した研究もあります。いわゆるエリート層がグローバル経済を牛耳《ぎゅうじ》っていることに対する、労働者階級の憤りを引き起こした要因は多数あります。なかでも、最高権力者である大統領という政治家のふるまい方ひとつで、その憤りを民主主義への大きな危機に変換することは容易だったと言えます。

トランプ大統領以前と以後で、アメリカで何が変わったのでしょうか。政策を逆転させたポピュリスト支持の有権者層が生まれたことは明白です。共和党は以前、アメリカには強力な国際的役割があるという考えを支持していて、アメリカ国内においては政府の役割は限られたものにするべきであると考えていました。つまり政府はあまり規制をせずに、国民の生活にも干渉すべきではないという立場でした。

今はそれが逆転しています。この同じ有権者たちは今、強力な国際的役割をアメリカに担ってほしくないと考えています。また政府の介入についても見方を変えました。

今、彼らは自分たちが読むべき本や、どの大学のどの教授が何を教えるべきかということまで、政府に決めてほしいと思っています。そして、そのことに完全に満足しています。これがトランプの出現の前後で大きく変わったイデオロギーのシフトです。

２０２４年の大統領選について、そのころバイデンは81歳になります。有権者は年齢からくる彼の知力の衰えを危惧していますが、トランプはバイデンより4歳若いだけです。ですから二人は年齢的にはそれほど差はありません。

トランプが勝利すると想像することは、私にはちょっと難しいように思っていました。トランプは「盗まれた選挙」と彼が表現する憤りにこだわりすぎているからです。トランプが言っているのはそれだけです。しかし、２０２４年にそのことに関心を持っている人が果たしてどれほどいるでしょうか。とはいえ、彼を支持する勢いは再び増してきています。

もう一つ、トランプについて言うと、彼は時間の経過とともにますますクレイジーになってきたと言えます。陰謀論を公に支持したり、子どもじみた中傷も平気で行ったりしています。多くの人は彼のそういう態度に辟易しています。２０１６年のときは新鮮でしたが、今は果たしてどうでしょうか。

問題は民主党側の弱さです。バイデンは高齢であまり人気がありません。支持率はまた下がりました。副大統領もあまり人気がありません。バイデンの不人気について原因を指摘するのは難しいですが、バイデンはヒラリー・クリントンと同じ理由で嫌われているわけではありません。

高齢であることと民主党の事の進め方が支持されていないからかもしれません。またバイデンは口を開けると失言します。それも嫌われている理由になると思います。ヒラリーがアメリカ国民の多くに持たれたような真の嫌悪感ではないでしょう。

2023年、フランスのマクロン大統領は、「ヨーロッパは台湾を含め、対中政策でアメリカの追従者になるべきではない」という親中的な発言をして物議をかもしました。これは本当に残念な発言です。中国と台湾に関するヨーロッパの団結力がどのようなものか、マクロンは過小評価していると思います。彼は、ヨーロッパは中国とアメリカの中間に位置付けられるというふりを何とかしようとしましたが、それはバカげたことです。そんなことを信じる人はヨーロッパに誰もいません。しかしマクロンは自分がフラ

ZOOMで大野和基氏のインタビューに答えるフランシス・フクヤマ氏（右）

ンスのリーダーであり、新しい考えを披露しようとしたかったのでしょう。だから中国側は、思い通りにマクロンを操ることができたのです。

NATO拡大は東欧からのプレッシャー

ウクライナ戦争については、CIA（米中央情報局）のウィリアム・バーンズ長官が言っているように、ウクライナの反転攻勢が成功しなければ、この戦争は長びく可能性が出てくるでしょう。

それはウクライナにとってきわめて悪い状況です。日本を含め欧米からの支援が消えていくからです。いわゆる支援疲れの加速です。

この戦争が起きてから、NATO（北大西洋条約機構）の拡大がロシアの侵攻を招いたという見方をする人がいます。NATO冷戦終結により、東側のワルシャワ条約機構が消滅した一方で、NATOは拡大を続け、2023年4月4日にはフィンランドが軍事的中立の方針を転換して正式加入し、31番目の加盟国となりました。これはNATOがそうするように勧めたのではなく、ポーランドやバルト諸国やチェコ共和国など旧共産圏諸国からのプレッシャーの結果そうなったのです。

ソ連崩壊後、混乱をきわめたロシアがいずれ軍事力を回復させたとき、再度ロシアから脅かされるのを避けたいという死に物狂いの気持ちを旧共産圏の国々は持っていました。1991年時のNATO加盟国は、特にNATO拡大には熱心ではありませんでした。しかし、東欧から拡大するようにプレッシャーを受けていたのです。それによって拡大してきたのです。決してNATO自らが拡大しようと思ったのではありません。

習近平に「仕える立場」になる日

西側とは異なるアプローチを見せている中国は、ロシアに近づいていますが、その関係にはいずれ限界が来ると思います。中国は恐らく、この戦争におけるロシアが〝いかに出来が悪いか〟に幻滅していることでしょう。

2022年、北京オリンピックの際にプーチン大統領と習近平・国家主席が会ったとき、プーチンは、ウクライナに侵攻するがあっという間に終えると言いました。キーウのウクライナ政府をすぐに打倒すると言ったのです。しかし実際にそれは起きませんでした。そのことに中国はショックを受けたと思います。中国はロシアに負けてほしくないと思っていますが、敗者と運命を共にしたいとは思っていません。今のプーチンは敗者に見えます。

その理由で、中国はどれだけロシアを支援するかについては慎重になるでしょう。中国は、原油やLNG（液化天然ガス）といったエネルギー資源をロシアから輸入し、半導体チップや酸化アルミニウムなどを輸出することでロシアを支援しています。また特定の民生用技術をロシアに移転しているでしょう。けれども、軍事面での本格的な援助まではしないと思います。そうするとアメリカを怒らせるからです。中国といえどもそこまではしたくないのです。

プーチンはいずれ、習近平のvassal（仕える立場）になるでしょう。今の中国はロシアよりはるかに強力な立場にあります。プーチンは自国の軍隊のほとんどを失い、ヨーロッパで保有していた最大のエネルギー市場を失いました。今、プーチンは完全に中国に依存するしかありません。対等の関係からは程遠いと言えます。

今後50年の最大の政治的チャレンジ

習近平・国家主席は、中国史上初の3期目に入り、独裁的な傾向をますます強めています。

バーンズCIA長官は、「我々は台湾侵攻を含めて、決して習近平の野心を過小評価してはいけない」と公言しましたが、ウクライナ戦争でのロシアの動きを見た習近平は、より慎重になっていると思います。

というのも、ロシアは自国の能力を過大評価し、ウクライナと欧米の対応を過小評価したことでつまずいたことは明らかだからです。それを見て、中国はより慎重になっているはずです。同じことが自国にも起きる可能性があると中国は危惧しているとも考えられるからです。

しかし、現実はそうではないようです。つまり中国は何とかして台湾侵攻して台湾を取り戻そうと固く決断しているように見えます。ですからロシアの経験が中国の思考にそこまで影響したかどうかは定かではありません。

民主主義という価値観を掲げる西側の陣営にとって、独裁主義を貫こうとする中国を相手にしていくことが、これから50年の最大の政治的チャレンジになるでしょう。地政学的な脅威という点では本当に大きなものと言えます。なぜなら、グローバルパワーがこれだけの速さで大きくシフトすると、世界を不安定にするからです。

習近平はこれまでずっとレーニン主義者だったと私は見ています。権力を集中化させるレーニン主義の野心を着々と満たしていることは間違いありません。それ以外では、悪化しているかどうかはわかりません。

しかし、将来ある時点において、国際的にも国内的にも自分のやり方をソフト路線に転換しなければならないと自らの考えを見直す可能性はあります。

一例として、「ゼロ・コロナ政策」を続けていけば中国社会の不満が爆発して不安定化するとわかったとき、大きく舵を切りました。同様に、アメリカとの緊張もある程度は緩めたいと思っていることでしょう。緊張状態が続くと中国にとっての多くの目標が達成できないままでいるからです。ですから、さらに独裁主義になるのが避けられないとは思いません。

習近平の盟友・王岐山の言葉

2015年4月、私と経済学者の青木昌彦氏（故人）は、習近平・国家主席の「盟友」と言われた王岐山・国家副主席（2023年3月引退）から、北京の中南海に招かれたことがあります。

当時の報道では、「複数の同席者によると、ノーネクタイに布靴というくだけた格好で現れた王氏は、民主主義制度の優位を説いたフクヤマ氏の著作はもちろん、『文明の衝突』（鈴木主税訳）で知られるサミュエル・ハンチントン、フランスの思想家トクビルなどに言及しながら、（中略）『あなた方が言っていることや、あなた方の尺度を我々は理解している。しかし、中国が一つの方向に進むとき、13億人に切り立った崖の上を歩ませるわけにはいかない』」と語ったことが伝えられました（朝日新聞デジタル、2023

年3月10日)。

王岐山氏は、あのとき私に1時間ほどかけていろいろなことを話しましたが、私から彼に話す機会はほとんどありませんでした。でも彼が私に言ったことの要点は、中国は共産党がなければ存在できないということでした。

その時点での共産党は、非常にきわどい運営のただ中にありました。彼の言葉で言えば、当時の状況は「自分で自分に対して外科手術をするようなもの」であったということです。

それは反腐敗キャンペーン(汚職撲滅運動)のことを指しています。彼が指摘したことで特に重要だったのは、中国に独立した司法ができることは絶対にないだろう、共産党がその支配を引き渡すことは絶対にない、ということでした。それが彼の主なメッセージでした。

中国がアフリカや中東で、影響力を拡大しようとしていることは、今始まったことではなく、何年も前からやっています。「一帯一路構想」は中国が国際的に影響力を増すための試みの一環です。

台湾侵攻と「新しい戦前」

日本で著名なタレントのタモリという人が、テレビで「新しい戦前」と発言して話題になったと聞きました。今、ウクライナでは戦争状態にあります。このことはアジアでの戦争がどのようなものになりうるか、非常にビビッドな印象を人々に与えたと思います。それまで人々は中国が台湾に軍事侵攻する可能性をまともに考えていなかったでしょう。しかし今は、戦争がどのようなものになるかリアルに想像することができます。そういう意味でタモリ氏の発言は意味があります。もちろん、台湾侵攻が実際に起きるかどうかはまったく別の問題です。

かりに将来、中国が台湾を軍事侵攻すると考えてみると、アメリカは当然ですが、日本は間違いなく巻き込まれます。その事態に日本はどう備えるべきか。少なくともアメリカ支援という形になります。アメリカは、特に沖縄をはじめ、米軍基地を置いていることで日本に依存しています。例えば、日本が在日米軍基地の使用を拒否すれば、アメリカが台湾を支援することはできません。そのレベルまで日本が積極的にアメリカ支援を行わなければならないのかどうか。

2023年1月、私は日本に行き、中国の台湾侵攻というテーマについて多くの人たちと話し合いました。日本は直接戦争に行くことはできませんが、少なくともアメリカを助ける点で一定のサポートがあるように思われます。ですからそのレベルまでアメリカを積極的に支援したいかどうかについて、日本自身が考えなければならない。きわめて重要な決断の一つになるでしょう。

もし中国が台湾併合をするべく軍事力を使うと固く決意すれば、外交は機能しません。また、そのような戦争に偶発的に突入する可能性もあります。例えば、中国が軍隊を動員しているように見えて、アメリカが軍隊をその地域に送れば、中国は脅威を感じてエスカレーションし、そのまま戦争に突入する可能性もあります。この偶発的な事態を避けるように我々は慎重にならなければならないのです。

Chapter 3

衰退期に差し掛かるアメリカ

岐路に立つ民主主義の二面性

Niall Ferguson

ニーアル・ファーガソン

歴史学者／スタンフォード大学フーヴァー研究所シニアフェロー

1964年、スコットランド生まれ。歴史学者、ジャーナリスト。専門は経済史・金融史。妻はオランダの政治家、アヤーン・ヒルシ・アリ。著書に『文明：西洋が覇権をとれた6つの真因』（仙名紀訳）、『劣化国家』（櫻井祐子訳）、『大惨事（カタストロフィ）の人類史』（柴田裕之訳）など。

民主主義のレジリエンス

2023年時点で、新型コロナウイルスが引き起こしたパンデミックに対して、中国が最善の対応をしなかったことは明白です。2020年に私が"Doom: the Politics of Catastrophe"（邦訳『大惨事（カタストロフィ）の人類史』）を執筆しているころ、多くの人は、中国のコロナ対策は正しい、西側の民主主義国家の対策は正しくない、と主張していました。その主張は二重に間違っていたと思います。

まずその主張は、この惨事が独裁主義制度の国から発生していることの重大性を軽く見ています。二つ目は、きわめて厳格なロックダウン政策を進めていけば、その結果、多くの国民が新型コロナウイルスへの抵抗力をつけることなく、かつ無防備なままでいる、という感染症対策としてあり得ない状況を生み出す――そうしたことを見通せていなかったのだと思います。

このパンデミックへの対応を、民主主義国家と独裁主義国家で比較してみましょう。

民主主義にはレジリエンス（回復力）があると同時に、脆弱《ぜいじゃく》さもあることを私たちは知っています。

西側諸国の民主主義国家は、独裁主義国家より、もっとうまく対応するべきでした。例えば、アメリカやイギリスの公衆衛生機関の対応はお粗末だったと言えます。それは私から見ても驚くべきことでした。というのも、アメリカやイギリスは２０１９年時点で、公衆衛生の緊急事態における対応力ではトップに位置付けられていたからです。

アメリカの公衆衛生の中枢機関であるＣＤＣ（疾病対策センター）もみじめなほど、パンデミック中、まともな対応ができていませんでした。そのことは米英の人のみならず、世界の人びとに十分理解されていなかったと思います。

当時の論調として、アメリカのトランプ大統領やイギリスのボリス・ジョンソン首相が悪い、と思うことが多かったからです。その国のリーダーが無策だったと批判するのは間違いです。問題は、彼らにあるのではなく、公衆衛生を担当する官僚にあったからです。

レジリエンスという面では、アメリカやイギリスやヨーロッパがいかに迅速に有効なワクチンを開発したかを見れば明らかでしょう。民主主義が圧倒的に勝利したのです。中国は効能があるｍＲＮＡワクチンをパンデミックが広がる中、開発できませんでした。初動体制において西側は、不十分な対応でしたが、効果的なワクチンの開発となると、民主主義国家が圧倒的な勝利を収めたのです。

キッシンジャーの主張

では、2年を超えたウクライナ戦争についてどう見るべきでしょうか。

ロシアとウクライナの戦争は、２０１４年のクリミア戦争で終わることはなく、必ず「第2ラウンド」があると私は思っていました。あのときの侵攻はロシアの側から見ると、安定した状況を作り出したと言えるものではなかったからです。

クリミア半島とドンバス地域の一部を支配することは、長期的に見ると経済的に存続可能ではなく、クリミア半島そのものはロシアの統治によって持ちこたえられるものではありません。ですから、常に「第2ラウンド」の可能性があったのです。

2023年11月30日（日本時間）、100歳で亡くなったヘンリー・キッシンジャーは、何か対策をしなければ、前よりも大きな戦争になると警告していたことを皆さんはご存じでしょう。2014年以降のキッシンジャーの主張は、中立のウクライナを作り、ウクライナのNATO加盟という構想を検討対象から外すことでしたが、実際はそうはならなかった。

2021年7月、プーチン大統領は、ロシア人とウクライナ人の歴史的な結束についての論文「ロシア人とウクライナ人の歴史的一体性」を発表しました。ロシア語とウクライナ語で書かれ、「ウクライナの真の主権は、ロシアとのパートナー関係の中でこそ可能になる」と主張し、欧米側に歩み寄ったウクライナをロシアの勢力圏にとどめようと目論むものでした。

その論文でプーチンは、ウクライナの国民国家の正当性をあからさまに否定しました。それを押し通そうとすれば、「戦争を仕掛ける」という警告であると、当時、私は予測しました。

2021年9月、キーウで私は「我々は、ロシアが行動を起こすのを抑止するための明確なシグナルを送っていない」と警告しました。ですから、戦争が実際に起きたとき、驚きませんでした。それどころか2022年1月2日に私は、"war is coming"（戦争が起きる）で始まる論説をアメリカの「ブルームバーグ」に書いています。

ですから戦争は不可避だったと見ています。今述べたように、2014年の状況が存続可能になるほど、ロシアはウクライナを十分に支配していなかったからです。西側諸国も制裁を抑止力として使おうとすることで、プーチンを押しとどめることができませんでした。

アメリカのバイデン政権がプーチンに対して、さらに軍事行動をとるなら我々は制裁を科すと言いました。

それはプーチンを抑止するのに効果はありませんでした。2014年に制裁が科されたときも、たいした効果はなかったのです。

ですから欧米の間違いは、プーチンのアグレッシブな意図を軽く見たことだけでなく、効き目がないのに制裁を抑止力として使おうとしたことです。

プーチンを脅したトランプ

フランシス・フクヤマ氏をはじめとして何人かの専門家は、もしアメリカの大統領がドナルド・トランプであれば、戦争は起こっていなかっただろうと言っています。フクヤマ氏がそう言う理由は、トランプはNATOを弱体化しようとしたのでプーチンの思惑と一致する、だから戦争をする必要性がないということです。

ご存じのように、バイデン大統領はこの戦争を民主主義と独裁主義の戦いという価値観戦争と見ています。

フランシス・フクヤマ氏と私は長年友人ですが、彼の「NATO弱体化」でトランプとプーチンが一致したからという見方については賛同しません。

戦争の初めからフクヤマ氏は楽観しすぎだったと思います。もし2020年にドナルド・トランプが再選されていれば、この戦争は避けられていたと思いますが、フクヤマ氏とは異なる理由でそう考えます。

トランプ自身、一昨年（2022年）、「もし自分がまだ大統領であったら、プーチンはウクライナに侵攻していなかっただろう。ウクライナを攻撃したらモスクワを爆破するとプーチンに言ったからだ」と主張しました。

当時、多くの人はトランプのこの発言をいささか侮蔑的に聞いていました。私は、トランプが実際にプーチンにそう言ったことを確認したトランプ政権内部の人から直接この話を聞きました。トランプの〝プーチンへの脅し〟です。

ロシアも中国もトランプが大統領であれば、もっと慎重になっていたでしょう。というのもトランプは気まぐれで、彼の行動や思考は予測不能だからです。多くの点で、トランプはリチャード・ニクソンが最初に説いた「マッドマン・セオリー」（狂人理論）を象徴するかのようです。もし相手が、私をクレイジーだと思えば、相手の計画や行動を抑止できるという理論であり戦略です。ニクソンが本当にクレイジーになったことは一度もありませんが、ドナルド・トランプはマッドマン・セオリーが正しいことを最終的に証明したと思います。トランプが大統領だった期間、ロシアも中国もアグレッシブな立場を一切取りませんでした。

バイデン政権はプーチンを抑止することができませんでした。トランプならもっとうまくこなしていたと思います。それはトランプがウクライナを好きだからではなく、その逆に、敵意を持っているのでもなく、相反する感情を持っていたからです。

トランプのプーチンに対する姿勢は常に奇妙なまでにフレンドリーでした。トランプが再選されていたら、この戦争は起きていないことは当たっていると思います。

プーチンの核使用発言は心理戦

専門家によっては、プーチンはこの戦争に負けられないので、負けそうだと彼が思えば核兵器を使うだろうと言う人もいます。この戦争が始まってからなされた核兵器の議論は、そのほとんどが心理戦です。プーチンは、自国の核兵器備蓄の話をすれば西側諸国を威嚇《いかく》できると理解しているのです。それは功を奏しています。というのもプーチンが最初に核兵器使用を口にしたとき、NATOは戦闘機をウクライナに提供するのをやめました。

プーチンは戦術核兵器を使用することで何も得るものはないと思います。万が一使っても、それは戦況をまったく変えません。ですからこれは軍事作戦ではなく心理戦です。それを使えば、現在は基本的に中立である世界の多くの国に対するロシアの信用を完全に破壊するでしょう。ですからプーチンの発言は大いにブラフだと思いますが、一つ重要な但し書きがあります。

それは、もしロシア軍が壊滅し始めると、つまり、もしウクライナが決定的な勝利を収めてロシアをウクライナからすべて追放するようなことになれば、プーチンが核兵器を使うリスクは非常に高くなるでしょう。

プーチンはその状況になるとexistential threat（存亡にかかわるリスク）に直面するからです。ロシアが負けるとプーチンが権力を失うことは明らかです。

しかし、その状態にはなりそうにないと思います。膠着《こうちゃく》状態がウクライナでは続いているからです。ロシアは明らかに最近の攻撃であまり前進できていません。ウクライナは反転攻勢に出ようとしていますが、それによってさえ、ウクライナはロシア軍を壊滅させられないと思います。ロシアより攻撃がうまくいっても、クリミアは言うまでもなく、ドンバスを取り戻すことはないと思います。ですから、膠着状態から脱することができないのだろうと思います。

和平交渉には2年以上かかる

我々が本当に問うべき質問は、ウクライナが負けたら、あるいはロシアが負けたら、それは世界にとって何を意味するのかではなく、この戦争が、単にあと1年ではなく、あと2年続いたら、それは世界にとって何を意味するのか、ということだと思います。

そこまで戦争が続くと大きな経済的ダメージをもたらしますが、本当のpuzzle（難問）を提示します。つまりそのような戦争をどうやって終わらせるのでしょうか。

歴史は、そうした戦争を終わらせることは本当に難しいことを教えてくれます。戦争は1年続くともう1年だけで終わる確率は、実際のところ非常に低い。12カ月続いた戦争のほとんどは、さらに1年以上続いています。

20世紀の和平交渉は、朝鮮半島であれ、ベトナムであれ、中東であれ、最初から終わりまで2年ほどかかっています。

ですから私の懸念は、戦争がさらに2年続く可能性があると、そこから和平に至るまでさらに2年間の交渉を経るかもしれないということです。その間ずっと、グローバルなエネルギー市場、グローバル経済が、継続している対立の代償を払っていることになります。

「経済的敗者はウクライナ」

ウクライナ自身は経済的に苦しみ続けることになります。

ウクライナ国家の再建を想像することがより難しくなります。その視点に立つと、長引く戦争は最終的にウクライナに相当重大なダメージを与えることになります。ロシアも憂き目を見ることになりますが、それは戦争中、欧米からの制裁が緩和されることはないからです。

私から見て本当に問うべき問題は、膠着状態がもたらす影響がどのようなものになるかということです。長引く戦争がどこに通じているかを理解するには、朝鮮戦争の例を具体的に見ないといけないと思います。

一般的にこの戦争は「挑発されていないのに起こった戦争」であると言われていますが、コロンビア大学の著名な経済学者であるジェフリー・サックスは、この戦争は「挑発された戦争」（NATO拡大など）であり、この戦争の経済的敗者はロシアではなく、ウクライナであると言っています。こうした発言をはじめ、サックスはこの戦争について多くのことを言っていますが、私は強く反対します。とはいえ、この点については100%正しいと思います。

戦争の最初の年、ウクライナ経済は3分の1ほど収縮しましたが、ロシア経済の収縮率は恐らく3%くらいです。ですからウクライナ経済の代償の方がロシア経済よりもはるかに大きいことは明白です。

ロシアへの制裁は過大評価されています。制裁の効果はアメリカやヨーロッパの政府のスポークスマンによって誇張されています。制裁によって、ロシア経済が破滅するように見せかけるのは間違いだったと思います。その可能性はまったくありません。

このような制裁がロシアを、西側諸国の経済から遮断する効果はあります。ロシアは中国のテクノロジー、とりわけ中国製半導体に依存せざるを得なくなります。ですから、長期的に見ると、制裁は、ロシア経済を20年、30年と遅らせることになるでしょう。しかし短期的に見ると、ウクライナの方が戦争によってはるかに深刻な打撃を受けることは間違いありません。ウクライナが侵攻された国であり、戦いが起きているのはウクライナであるからです。

ウクライナは、アメリカやヨーロッパからの支援がなければ、いまだ戦争状態を続けていることはないという意味で、これは代理戦争です。アメリカが大半の軍事的支援をしていますが、財政支援はアメリカやヨーロッパやアジア諸国という広範囲の同盟国からなされています。

一方、ロシア側も支援の源は特に中国なので、双方の側から見てもこれは代理戦争であると言えます。

しかし、「代理戦争」という言葉はいささかミスリーディングかもしれません。アメリカがウクライナの戦略を指示しているわけでもないし、中国がロシアの戦略を指示しているわけでもないのですから。実際のところ、戦争をどのように終わらせるか、どういう条件で終わらせるかをゼレンスキー大統領に任せている点では、欧米は一貫しています。

とすると、厳格な意味では代理戦争ではありません。双方が今、外国の財政支援に大きく依存している状態であると言った方が正確でしょう。

また軍事支援でも外国に依存しています。中国はロシアが戦争で使うデュアルユース（軍民両用）のテクノロジーをロシアに提供しています。

もし今、アメリカや西側諸国が武器をウクライナに提供するのをやめれば、戦争はそう長くは続きません。ウクライナは間違いなく数カ月後に、兵器、弾薬、ハードウェアがなくなります。

とはいえ、現時点でそのシナリオはありそうにないと言えます。私が感心しているのは、西側諸国のウクライナの戦いに対するコミットメントの度合いです。バイデンが大統領である限り、間違いなく戦争は続く可能性が高いでしょう。

２０２４年11月以降に何が起きるかは別の問いです。

パンデミックのインパクト

私の最新の著書『大惨事の人類史』（原題"Doom"）に書いた主張の一つは、歴史というのは惨事の連続で、そのほとんどは予測不能で、惨事のスケールは大きく変化するということです。パンデミックであれ大地震のような自然災害であれ、戦争のような人災であれ、惨事の発生はランダムでしかないからです。このことは歴史について考えるときに考慮すべき極めて重要なことだと思います。

そうは言っても、大規模な自然災害といったダメージに直面すると、国としての制度が整い統治された社会の方が、脆弱な制度の社会よりも災害への対応が優れています。ある意味、歴史家は人間がコントロール不能な災害の作用について、人間がコントロール可能な制度へと進化させようとしているのです。

さきほど言ったように、パンデミックのインパクトを見ると、代議制民主主義、報道の自由、政権幹部の説明能力のある政府の方が、独裁主義国家よりも、災害対応が優れています。

他国と比べると、コロナ・パンデミックをめぐる日本の対応能力はよかったですが、韓国と台湾はそれよりもさらに優れた対応が取れていました。それは偶然ではないと思います。ウィンストン・チャーチルが「民主主義は最悪の政治形態である。ただし、過去に試された他のすべての政治形態を除いては」と言ったように、この3年について、その箴言《しんげん》は当たっていたと思います。チャーチルの言葉は良いアイデアです。チャーチルはほとんどすべてのことについて、正しかったと言えます。

1815年のタンボラ山大噴火

私の著書『大惨事の人類史』では、東日本大震災による福島第一原子力発電所の放射能汚染事故について触れていませんが、間違いなく〝doom（破滅）〟に該当します。あの本で私が言おうとしたことの一つは、西側諸国の人は、地質災害の重要性を忘れているということです。我々は気候変動について延々と話すので、地質的大惨事の方が気候変動による惨事よりもっと大きいことが忘れられています。

一つ例を挙げましょう。

パキスタンで2022年6月に起きた壊滅的な大洪水について世界的に話題となりました。モンスーンによって例年の10倍以上もの雨が降り、子どもを含む死者1200人以上、被災者3300万人以上という大災害となりました（同年9月2日時点）。不幸であったことは間違いないのですが、しかし、2023年2月6日、トルコ南東部のシリアとの国境付近で発生したマグニチュード7・8の地震では数十万の建物が損壊、両国合わせて約6万人が犠牲となりました（同年5月5日時点）。この大地震で亡くなった人の数は、パキスタンの約50倍です。

地震、火山の噴火、津波は、概して気候関連の災害よりもカタストロフィックです。ですから歴史的に見ると、1815年のタンボラ山の大噴火（インドネシア・スンバワ島で起きた最大級の噴火）以来、200年間ほど、世界は本格的な地質災害を経験していない、ということを自分たちに言い聞かせなければいけません。

タンボラ山の噴火で噴煙は成層圏に達したと言われます。火砕流が海にまで流れて大津波を起こし、火山灰が降り積もり、この一帯で約10万人が犠牲になったといわれる大災害でした。さらにヨーロッパでは異常気象が起こり、アメリカ東海岸では夏に雪が降るなど寒さが覆い尽くしたのです。さらにコレラの世界的蔓延により多くの死者を出しました。ですから、東日本大震災を経験した日本人は、この地質災害については他国よりもはるかに直近に起きたこととして認識しているのではないでしょうか。

一方、アメリカのカリフォルニア州の人はほとんど忘れかけています。1世紀以上大地震を経験していないからです。

ですからこれは"Doom"における主張のもっとも重要なところです。

歴史的に見ると、世界は地質学上、非常に静かな時期を経ていると言えます。1100年代や1200年代にさかのぼると、「地球冷却化」に至った火山活動が世界中でたくさん起きていました。このことが再び起こるはずがないと考える理由はまったくありません。

地球が永久に静かな地質紀に入ったことを示す理論はありません。もしかすると、明日起きるかもしれません。明日の朝、ここカリフォルニアで大地震で目を覚ますかもしれないし、インドネシアで火山の大噴火によって目を覚ますかもしれません。

ブレグジットの功罪

自然災害に対して、世界で起きる政治的、経済的な変動へのリスクについて我々はどう考えるべきでしょうか。その一つが、イギリスのEU離脱（ブレグジット）です。これはポピュリズムの一つの例として考えることができます。

2020年EU離脱後、イギリスはTPP（環太平洋経済連携協定）に最初に加盟するヨーロッパの国になりました。市場はEUよりもはるかに大きなものになります。イギリスの「制度的進化」について現状分析と将来予測をしてみましょう。

そもそも私はEU離脱に反対の論陣を張っていました。離脱の代償はきわめて大きく、少なくとも短期的にはイギリスの経済成長にマイナスの影響を与えると思ったからです。それが正しい分析であったことは明白です。ブレグジット賛成派が説得力のある主張をしたことは一度もありません。賛成派が主張したことは、ヨーロッパから貿易政策と移民政策を取り戻すとプラスになるということだけでした。

とはいえ、賛成派が最終的に正しい可能性もあります。その可能性を排除することはできません。

例えば、移民政策におけるイギリスの転換は、劇的な変化をもたらしました。離脱以前は、イギリスへの移住はほとんどEUからで、自由移動に基づくものでした。実際イギリスには、どのEU諸国からの市民がイギリスに来て働くことができるかということについての決定権はまったくありませんでした。ブレグジット以後、ヨーロッパ以外からの移住が急増しました。オーストラリアやカナダに近いシステムですから経済的にプラスになるでしょう。

同じように、TPP加盟国との貿易は短期的にはヨーロッパとの貿易とは置き換わらない可能性があります。イギリスにとって他のヨーロッパ諸国との貿易は地理的な理由からとてつもなく規模が大きいと言えます。しかし、20年、30年、40年と経過すれば、イギリスが行った大転換（ブレグジット）は、良い転換であることがわかるかもしれません。

ただし、現時点で言えることは、ブレグジットの代償は「早い段階で起きる」ということで、経済的なマイナスがすでに起きていると思います。ブレグジットの恩恵は、具現化するのに何年も何十年もかかるかもしれません。もしそれが実現すれば、ブレグジット賛成派は正しかった、私は間違っていたと謝ります。

西洋が覇権を握れた理由

2011年に私は「繁栄のための六つのキラー・アプリ」という指標を発表しました。

①経済競争
②科学革新
③財産・土地所有権
④現代医学
⑤消費社会
⑥勤勉性・労働倫理

インタビューに答えるニーアル・ファーガソン氏（右）。左は聞き手の大野和基氏＝米国スタンフォード大学フーヴァー研究所で

という六つこそが、国家の発展と繁栄をもたらす重要な制度だととらえる提言です。この場合、制度とは理性にもとづく法と規範、および発想のことを指します。

これらの〝キラー・アプリ〟があったからこそ、西洋は覇権をとれたのです。あれから12年を経て、ここに変更したり追加したりするものはないと考えます。これらのモデルは今でも有効だと思います。

一つ、中国の例を挙げてみましょう。

『文明：西洋が覇権をとれた6つの真因』（原題〝Civilization〟）の末尾で、私は、この六つのアプリを「中国は選択的にダウンロードしようとしている」と主張しました。中国は六つすべてを欲しているわけではありません。特に政治的な競争をしたくないので、法と規範を欲しませんでした。

他の要素はあります。科学、現代医学、労働倫理については最大限に活用しています。中国人は非常に勤勉です。それを否定できる人はいません。現在の中国は消費社会ですが、これは国内のどの都市をとっても顕著に見られる特徴です。問題はそれが機能するかどうかです。

中国の資本規制

私が立てた問いは、中国はキラー・アプリを部分的に取捨選択してダウンロードするだけで成長できるのか、それともそのうちの四つだけでできるのか、あるいは六つすべてのアプリを必要とするのか、ということでした。

部分的なダウンロードでは無理であるように見えてきました。なぜなら、法と規範や政治的競争がなければ、いずれ腐敗が起きて、資源の配分において効率が悪くなるからです。中国共産党の説明能力の欠如こそ、コロナ・パンデミックがあれほど破滅的に広まった理由の一つです。報道の自由もありません。「2019年12月時点に問題があった」（武漢からのウイルス流出）と指摘していた人を、中国共産党は「黙らせる」ことができました。

同じように、もしあなたが私有財産権を持っていなければ、最終的に中国の資本主義は機能しません。現時点で中国のお金は、資本規制によって中国国内に閉じ込められています。資本規制がなければ、裕福な中国人は海外の「法と規範を有する国」に投資したいと思うようになるでしょう。これは中国の根本的な問題で、現在の制度上の取り決めでは解決できないものだと思います。これをすべて合わせて考えると、中国の成長率が急速に落ちていることがわかります。また中国の人口も急減しています。今世紀の終わりまでに、半減する可能性があります。

中国経済は不動産にますます依存していますが、それは誰も必要としない高層ビルのように、負債と資産でいっぱいです。ですから、私が本を執筆してから10年以上も、六つのキラー・アプリのうち四つだけではうまくいかないことは現実が示しています。これら六つのキラー・アプリすべてが必要なのです。すべてが揃わないと機能しないのです。

減速する中国経済

2016年にアメリカは経済1位の座を中国に譲るという私の予測は、少し後ろにずれこんでいるように見えます。しかし、それはどう測定するかによります。

ＧＤＰ（国内総生産）を「購買力平価」で計算すると、パロアルト（スタンフォード大学がある街）での散髪代は南京での散髪代よりもずっと高いという現実がわかりますが、その方法で試算すると、実際、中国は２０１４年にアメリカを追い抜いています。購買力を無視して、現行ドル換算で計算すると、中国はまだまだ長い道のりがあります。中国の経済は今アメリカ経済の80％くらいの規模です。

私は２０１９年に北京大学の経済学者である林毅夫と、「中国は現行のドルベースではアメリカに追いつくことは絶対にない」と賭けをしましたが、そのとき自分の見立てを前のものに戻しました。

こうした賭けをした理由は、中国経済が、１９８９年に日本経済が減速したのと同じように、事実上、減速していると思ったからです。中国は成長率がゼロに近いところまで落ちて、デフレ圧力が深刻な懸念になり始めると思います。

デモグラフィー（人口統計学的属性）を見ると、すでにかなり日本のそれに近いと言えます。違いはもちろん、中国は１９８９年の日本よりはるかに貧しい国であるということです。ですから、今よりもずっと低い成長とデフレは中国国民にとっては耐えるのが難しいでしょう。それは中国共産党の正統性を疑うことになると思います。

支配されたジャック・マー

習近平の下の中国で今、起きているのは、排他的で収奪的な決定に振り回されているということです。我々が目の当たりにしているのは、党の指導者らの子どもたち〝小君主（princeling）〟が中国経済のもっともダイナミックな部門である、技術部門に〝rent extraction〟しようとしていることです。

rent extractionとは、政治家が利益集団から利益を得るべく、新しい規制を実施するぞと脅すことです。その結果、何が起きるかと言えば、党は株の取り分や取締役の座を自らのものだと主張してきます。言い換えれば、もっとも儲かっている企業にアクセスしようとしてきます。しかし、それは健全なことではありません。

最後は、中国政府がジャック・マー氏の権力を無効にして彼を支配し、アントグループ（アリババグループの金融関連会社）のＩＰＯ（新規公開株）を停止し、大企業に対して効果的に権力を行使しました。

しかし、中国の海外活動となると、いささか異なった問題があると思います。

新しいシルクロードの一帯一路構想は、習近平が広めたプロパガンダの発想ですが、中国企業はこれを巧みに利用しました。東アフリカを旅行すると、多くの中国人の活動や中国人による貸し付けが見られます。借金の多くは焦げついていますが、中国人は、フロンティア市場にお金を貸すと、返済されることはまずないことを身をもって知っています。だから負債の返済を繰り延べる方法を探し出さなくてはならなくなります。

中国人は、責任ある債権者になる方法を学んでいるという意味では、新しいフェイズにいます。中国がそれを学ぶことがどれほど難しいことか、いずれわかるでしょう。最終的には、利益の出ないプロジェクトに莫大なお金が投資されましたが、それが戻ってくることはありません。一帯一路構想が最終的にうまくいくかどうか私にはわかりません。

中国のモチベーションの一つは、アフリカやラテンアメリカに経済的な影響を及ぼすことというよりはむしろ、地政学的な影響を強化することだと思います。例えば、中国はアフリカ中に5Gネットワークを売って、アフリカで支配的な地位を築くことには成功しています。

ただし、その影響がこれからの10年や20年、政治的に意味があるかどうかはわかりません。そのほうが、中国が投資で儲かったかどうかよりも、最終的には重要になってくるかもしれません。

アメリカで急増する「絶望死」

「大いなる格差」の時代は終わり、我々は「格差の収束」を目の当たりにしていると私は考えています。グローバルレベルでは格差が縮まったことに疑いの余地はありません。それは主に中国とインドという人口が最も多い2カ国の生活水準が大幅に向上したからです。

また非常に人口が多いインドネシアも、例えば1983年と比べると貧困度がかなり減少したことも意味があります。ですから、19世紀、20世紀を特徴づけた「大いなる格差」が終わったことは間違いないでしょう。

一方、アメリカの国内を見ると、収入と富の配分では、高所得者と低所得者との間には著しい格差があります。アメリカでは平均余命が驚くほど短くなっています。これは収入分布の中間層の自殺、それも「絶望死」と言われる現象が急増しているからだと思います。

これはアメリカにおける特徴であって、すべての民主主義国家に見られる現象というわけではありません。実際、アメリカだけに限った特異な面なのかもしれません。ヨーロッパ諸国ではどの国でも見られません。

アメリカは、北欧諸国やドイツよりも、ますますラテンアメリカとの共通点が多くなっているのかもしれませんが、それは驚くことではありません。移住という行動形式を取るヒスパニック系やラテン系の集団を生み出したからです。ですからカリフォルニアやテキサスのような州では、ますますラテンアメリカ化していると言えます。そこでの制度も、発生している問題もラテンアメリカと似ていると言えます。

コロナ以降、シフトした働き方

２０２３年3月、米西海岸では、シリコンバレー銀行とシグネチャー銀行が相次いで破綻し、5月には中堅銀行のファースト・リパブリック銀行が経営不安に陥り、ＪＰモルガン・チェース銀行など主要11行が計３００億ドルの預金を預け入れるという救済策を決めました。

このときの銀行危機は、２００８年のリーマン・ショックのときに我々が目の当たりにした、いかなる事態よりもはるかに規模が小さいと言えます。それにはいくつかの重要な理由があります。

一つは、２００８年は大西洋の両側の銀行システム全体が、サブプライムローンの価値に基づいた複雑な金融商品に、異常なレベルでさらされました。そのローンが金融引き締め策でデフォルトし始めると、損害はもちろん大きくなり、小規模の銀行だけではなく、メガバンクにまで影響しました。

シリコンバレー銀行のような中規模の銀行は、保有資産の中に大量の国債と保護対象外の預金が大量にありましたが、それは国債価格の下落や預金者による預金流出にはきわめて脆弱であることがわかりました。

とはいえ、シリコンバレー銀行ほどひどい経営をしている銀行はあまり多くないと思います。こういう銀行にはいずれ収益性の問題が出てくるでしょうから、株価がひどく下落したのは理解できます。

ここで問題になるのはファースト・リパブリックのような銀行です。ファースト・リパブリックが特に力を入れていたのが、富裕層向けの住宅ローンですが、これは大口住宅ローンです。これが金利上昇によって多額の含み損を抱えることとなり、経営不安が高まるきっかけとなってしまった。ファースト・リパブリックのような中堅銀行にリスクのある大口ローンが組めないようにするための規制のなかったことも破たんの要因です。もちろん最終的に預金引き出しが相次いだことが直接的な原因ですが、その預金引き出しを起こしたそもそもの原因はこれだと思います。

けれども今は2008年ではありません。リーマン・ショック以降に導入された規制のほとんどは、うまく機能していません。

銀行は以前より強力になっていますが、問題が悪化するのは商業用不動産の領域、特にオフィススペースだと思います。オフィススペースに投資したい機関も不動産価格が下落すると窮地に陥るでしょう。なぜなら、人はパンデミック以前のようにオフィスには戻ってきません。特にカリフォルニアの話ですが、働き方が根本的にシフトしました。週に2日以上はリモートワークをすることにかなり満足しています。いわゆるニューノーマルです。

そんな時代に、必要がないオフィススペースを保有していてどうするのでしょうか。今後、この負債が認識されなければなりませんし、それを放置しておけばいずれ深刻な事態に陥るでしょう。

今の金融危機は、2008年の危機よりも規模は小さいですが、構造的には非常に異なります。景気後退（リセッション）の話を始める前に、取り組むべき重要な問題があります。リセッションはいずれ来るでしょうが、まだ不確定です。消費者サイドと労働市場に経済の勢いがありますから。そこでもリーマン・ショックのときとは異なります。

衰退期に差し掛かったアメリカ

自由主義、自由経済、民主主義という「文明」の勝者である西洋の時代が終わり、「新しい帝国による世界統治」は、新たな覇権主義を生むのでしょうか。

我々がこの50年、80年を一種のリベラル民主主義の時期であると考えるのはいささか単純だと思います。1945年以降に我々が見てきた繁栄のほとんどは、超大国アメリカのパワーの結果としてもたらされたからです。

しかしアメリカ人は帝国について話したがりません。実際、彼らは覇権とか首位という言葉を使いたいと思っているのでしょう。外国の視点に立ってみると、アメリカはかなり帝国的であるように見えます。もしあなたがイラクやアフガニスタンに住んでいれば、アメリカ帝国は過去に現れた帝国と同じようなふるまいをしていることは間違いありません。我々はアメリカ帝国の時代を生きてきたと言った方が正確かもしれません。そのアメリカ帝国は背伸びしすぎた、あるいは衰退の時期に差し掛かっているのかもしれません。

その財政状況をみると、確かに問題があります。借金は増え続け、見渡す限り財政赤字です。やがて連邦政府は、国防よりも利息の支払いに多額のお金を使うでしょう。

アメリカは世界中の軍事上の関与において無理をしすぎています。

もう一つの帝国は中国です。中国は海軍ではアメリカに匹敵します。恐らく核兵器やテクノロジーの面でももうすぐアメリカに追いつくかもしれません。経済面でも将来恐らく匹敵するようになるでしょう。それはまさに我々の時代の地政学的なストーリーだと思います。私はこれをCold War II（第二次冷戦）と呼びます。
4、5年前から私は、我々は今、「第二次冷戦」のまっ只中にいる、あるいは、習近平が就任してから、そしてドナルド・トランプが大統領になってからは、間違いなく、そうであると私は主張してきました。
この第二次冷戦は終焉を迎える兆候がありません。多くの点で、ウクライナで起きている戦争は朝鮮半島で起きている戦争に少し似ています。武力に訴える戦争です。キューバのミサイル危機のような状況に我々は突き進んでいるのかもしれません。

今回は新たな場所は台湾になり、問題になるのはミサイルではなく、半導体になるでしょう。「第二次冷戦」はかなり初期段階であって、最も危険な地点に達するまでにはまだ少し道のりがありますが、私が今の世界に対して持っている見方はそういうものです。

もし我々が「第二次冷戦」のまっ只中にいると認識すると、世界はもっと違ったものに見えてきます。リベラルな国家による国際秩序という表現は、説得力のある表現であると感じたことは一度もありません。

Chapter 4

「文明の衝突」は終わらない

歴史を進歩させるダイナミズム

Joseph Samuel Nye Jr.

ジョセフ・ナイ　国際政治学者／ハーバード大学特別功労名誉教授

1937年生まれ。元米国防次官補（国際安全保障担当）、ハーバード大学ケネディスクール学長などを歴任。ハーバード大学特別功労名誉教授（国際政治学）。著書に『ソフト・パワー：21世紀国際政治を制する見えざる力』（山岡洋一訳）、『アメリカの世紀は終わらない』（村井浩紀訳）、共著に『国際紛争——理論と歴史』（田中明彦・村田晃嗣訳）。

「ロシア帝国の事実上の復興」

なぜ、ロシアはウクライナ侵攻を始めたのか。

そもそもプーチンが「ウクライナはロシアとは別の国」との考えを受け入れることはないのです。彼は「ルースキー・ミール（ロシア世界、またはルーシ世界）」という思想を持っています。ロシア語を話し、ロシア正教を信仰する領域を独自の文明圏とみなすという概念で、キエフ・ルーシ公国と同一の起源を持つと考えるため、ウクライナをロシアの一部と考えています。このため、現在、ルースキー・ミールの立場をとらないウクライナを破壊するしかないとプーチンは思っているのです。この戦争について彼は「ロシア帝国の事実上の復興」と見ているのかもしれません。

２０２３年４月26日に、ウクライナのゼレンスキー大統領と中国の習近平・国家主席が電話会談を行いました。中国は、事実上の同盟国であるロシアを支援すると同時に、ヨーロッパを敵に回し過ぎないようにしてきました。というのも、ヨーロッパは中国の政治的に狡猾《こうかつ》なやり方にうんざりしています。中国は和平を提案することで、そのように認識されている立場を変えようとしているのでしょう。ただし、中国側からの提案を見るとあまり現実的な内容とは言えないので、今後もう少し現実的な提案を出してくることも考えられます。

いずれにしろゼレンスキーが望んでいるのは、この戦争が中国にとってプラスにならないよう注意しながら、ロシアの同盟国にプレッシャーをかけることかもしれません。

西側は本気でウクライナを再建するか

ロシアとの長引く戦いによって、ウクライナ経済は悪化し、都市基盤の多くが破壊されています。この戦争が終わったとき、西側諸国がウクライナ再建を本気で支援するかどうか、ゼレンスキーは見極めなければなりません。

仮に停戦が実現したとしても安全保障の問題は残ります。というのも、プーチンは停戦の1、2年後にまたウクライナに侵攻するかもしれないからです。そうさせないためには何が必要か。各国政府や企業がウクライナに入って経済再建を支援する前に、ウクライナの安全を再確認するには対策が必要です。それはゼレンスキーにとって相当困難な仕事になるでしょう。

NATO東方拡大の真意

冷戦終結直後の1990年2月9日、当時のベーカー米国務長官はロシア側に「NATOは1インチたりとも東方に拡大しない」と発言したと言われていますが、ベーカー氏がこのとき即座に発し"not one inch"（1インチたりとも）というフレーズは、公式な発言ではありません。

これについては、メアリー・エリス・サロッティが書いた"NOT ONE INCH"（Yale University Press, 2021年）というすばらしい本があります。そこには約束は破られていないということが記されています。

1990年代、NATO拡大に対する米ロ間の様々な取り組みがあり、当時両国のトップだった（ビル・）クリントンとエリツィンは何回か話し合っています。その狙いはNATOとロシアの関係を密接にすることでした。

ロシア高官はブリュッセル（ベルギー）のNATO本部に招かれましたが、プーチンが政権の座に就くと次第にその関係は悪化していきました。それは前述のプーチンの思想にあります。

ロシアがウクライナに侵攻した背景として、「NATOの東方拡大にあった」という見方がありますが、私はそうは思いません。NATO拡大とは関係なく、プーチンはウクライナ侵攻をしていたでしょう。

これに関連して、「ソ連崩壊後、なぜワルシャワ条約機構が消滅した後もNATOは存在し、拡大し続けたのか」という議論があります。けれども、冷戦後にNATOも消滅していたらどうなっていたかを想像してみてください。そのうえで、中央ヨーロッパに安定があったのか考えてほしいと思います。

当時、ハンガリー、チェコなど中央ヨーロッパ諸国は弱体化していました。国内における対立だけでなく、国外からの干渉が起こる危険性が常にあったのです。

私は、NATOの東方拡大計画は、中央ヨーロッパに安定を作り出すことが目的だったと思います。その最初の取り組みについて、クリントンとエリツィンが話し合いを重ね、エリツィンは大枠でその考えに賛同したのです。

2008年、NATOはブカレスト（ルーマニア）での首脳会議で、ウクライナとジョージア（当時はグルジア）を「いずれ加盟国に加える」とする宣言を採択しました。しかし今から思うと、このブカレスト宣言は間違いだったと思います。当初からそんなことが可能なのかといった懐疑的な声もあり、事実、ブッシュ（子）政権下でジョージア紛争が起きるなど、危機は拡大しました。

ウクライナ侵攻が始まった2022年時点でウクライナがNATOに加盟する兆候がなかったことは明白でしょう。

民主主義が発展する条件

冷戦後のロシアには、市場経済と民主主義社会が生まれるという希望がありました。

しかし、共産主義下のあまりにも長い間、計画経済を実施してきたために、容易には市場経済に切り替えることができず、ロシアにおいては不可能だということがわかったのです。

それを切り替えようとするプロセスでとてつもない腐敗が起き、いわゆるオリガルヒ（新興財閥）が現れ産業全体を掌握していったのです。国内には腐敗が蔓延し、経済格差は広がりました。経済が貧しいと、民主主義を発展させることは非常に難しいのです。

ゴルバチョフは「新思考外交」にきわめて真剣でした。世界は相互依存の関係にあるととらえ、東西対立より全人類的価値を優先した政策を進めようと本気で思っていました。核戦争や環境破壊から地球を救うために、各国間での信頼関係の確立が重要と考えていたのです。

しかし、ゴルバチョフの問題は、経済をうまく動かすことができなかったことです。安定したロシアへと発展させることができませんでした。エリツィン政権初期は、首相代行がガイダルで、外相がコズイレフだったので改革派である彼らが新たな政策を探っていた点でわれわれにとってはとても心強い時期でした。

しかしロシア国内では、急激な価格自由化によりハイパーインフレが起き、経済の安定にはほど遠い状態だった。政権後期になるとエリツィンは肉体的にも政治的にも弱っていき、プーチンにバトンタッチしました。すると、プーチンはＫＧＢ高官という出自をひけらかし、新思考を取り入れることはなかったのです。

プーチンは、２００1年9月11日の米同時多発テロ後にはアメリカを支持する立場を表明していましたが、２００7年2月、ミュンヘン安全保障会議でそれまでの西側への順応的な態度を一変させ、反西側の見方を表明しました。

これは２００4年ごろ、民主化を掲げて東欧や中央アジアの旧共産圏で起こった一連の政権交代である「カラー革命」にプーチンが恐怖を感じたことが原因だと言う人もいます。ウクライナが、より民主主義的な政府になればその影響がロシアにも波及し、ロシアでのプーチン支配を弱体化させるかもしれないと感じたのです。

プーチンは民主的なロシアにまったく関心がないのでしょう。

これからもしばらくは「文明の衝突」は終わらないと思います。というより、永久になくならないと思います。文明の衝突があるからこそ歴史は進歩するのです。

THOMAS PYNCHON BLEEDING EDGE
AGAINST THE DAY THOMAS PYNCHON
THOMAS PYNCHON
Thomas Pynchon Mason & Dixon
EUROPE

大野和基氏のZOOMインタビューに答えるジョセフ・ナイ氏（左）

ド・ゴール主義と戦略的自律

トランプ政権以降、アメリカ国内には人種問題、人権問題、経済格差などによる分断がかつてないほど深まっています。加えて、2021年1月6日に起きた議事堂襲撃のような民主主義の根幹が脅かされる事件もありました。世界の地域によっては、民主主義が後退しているところもあります。民主主義は今後も盤石な政治システムなのかと問われればこう答えましょう。

歴史を振り返ると、民主主義の波は上昇したり下降したりしています。冷戦終結後、民主主義国家の数は増加していますが、今、その波は後退しています。それでも今の世界を60年代、70年代の世界と比べると、まだ民主主義国家の方が多くあります。その進歩は紆余曲折がありますが、まだ進歩していると思います。

もし、次期大統領選でドナルド・トランプが勝利すれば、民主主義は後退するでしょう。トランプは民主主義後退の印です。私はトランプが再選されないことを期待しています。

フランスのマクロン大統領は最近、ヨーロッパはアメリカへの依存度を減らして、台湾をめぐっての米中対立に引きずり込まれるのを避けなければならないと言いました。習近平は、マクロンの戦略的自律の考えを支持しています。マクロンは、ド・ゴール主義の長い伝統に従っていると思います。

これは、フランスの軍人・政治家であったシャルル・ド・ゴールの思想と行動を基盤にしたフランスの政治イデオロギーのことで、その最も大きな主張は外国の影響力、特に米英から脱し、フランスの独自性を追求することです。

さらにマクロンは、ヨーロッパにおいて、ドイツよりも主導的な役割を果たそうとしています。同時に、国家安全に危険が生じないようにするために、アメリカと適度な距離を保とうとしています。マクロンはフランスの伝統に従っていますが、それはそこまで不健全というわけではありません。

マクロンの行動は中国寄りに見えますが、かなり、まだ民主主義陣営に残っていると思います。重大な危機に直面したとき、マクロンはアメリカ側につくでしょう。ド・ゴール時代を思い出してください。ド・ゴールがフランスからＮＡＴＯ本部を締め出してブリュッセルに移転させたときでも彼はＮＡＴＯから脱退しませんでした。

同様にキューバ危機が生じたときも、ド・ゴールはソ連側ではなく、アメリカ側を支持しました。ド・ゴール主義はどこまで有効であるかについては限界があると思いますが、マクロンはその伝統に従っていることは確かです。

日本をめぐる二つの脅威

ウクライナ戦争はアメリカによるロシアとの代理戦争との見方があります。この戦争以後、日米同盟の構造に影響が出るとは思いませんが、今まで以上に強固なものになっています。日本はきわめて明確な理由で二つの安全保障の問題に直面しています。

まず、差し迫った脅威は北朝鮮です。日本のＥＥＺ（排他的経済水域）内外に落下するような弾道ミサイルを発射しています。もう一つは中国からの長期的なチャレンジです。これらを突き詰めて考えると、日米同盟はさらに密な関係になるでしょう。

中国が台湾に侵攻するようなことがあれば、日本がその影響から逃れることはできません。だからそれが起きないようにすることがさらに重要になるのです。アメリカが日本の米軍基地から台湾を支援し、日本が中国に対して制裁を加えるということを中国に具体的に示さなければなりません。それだけで抑止力になると思います。実際に侵攻が起きたら米軍基地を米軍にフルに利用させることが大前提となります。

私とリチャード・アーミテージ氏（父ブッシュ政権一期目の元国務副長官）を中心とする日本専門家チームは、２０００年以降、複数回にわたってリポートを出しました（「アーミテージ・ナイ報告」＝有事法制、特定秘密保護法整備、集団的自衛権行使といった日本の安全保障に関する課題を挙げた。これによって第二次安倍政権下で特定秘密保護法が成立し、集団的自衛権行使容認へと憲法解釈の変更がなされた）。

アーミテージ氏と私は、日本を安定した民主主義国家とするために、１９３０年代の日本とは異なる、21世紀の脅威を見据えてそれに備えた国にならなければならないと感じていました。その脅威は今言及した二つの脅威です。日本が自国の立場を強化すれば、周辺地域での戦争をよりうまく抑止することができるでしょう。

ですからアメリカと緊密に連携することは日本を守るだけでなく、地域を安定させます。まさにその意味で、自衛を拡大解釈して集団的自衛権を含めることは日本にとって、道理にかなっていたと言えます。

民主主義の理念というソフトパワー

「ソフトパワー」という概念を私が発表して30年余りが経ちます。(原題"Bound to lead : the changing nature of American power", 邦訳『不滅の大国アメリカ』1990年)。国際政治において軍事力や経済力によって他国を動かすのが「ハードパワー」であるのに対し、理念や文化によって魅了することで自分の望む方向に相手を動かす力が「ソフトパワー」です。民主主義の理念というアメリカのソフトパワーが、ソ連を崩壊に導いたと考えたのです。

アメリカのソフトパワーは、ドナルド・トランプの出現によって傷つけられました。他国の人にとって、アメリカが魅力的な国であると感じるかどうか世論調査の結果を見ると、子ブッシュ政権の下ではイラク侵攻がアメリカを魅力のない国にしました。オバマ政権に代わるとアメリカが以前より魅力的な国になったことがわかります。そしてトランプ政権になると、再びアメリカは魅力を失います。バイデンがトランプに代わると、また魅力を取り戻しました。この調査からわかるように、政権の性質がその国のソフトパワーに影響することがわかります。ソフトパワーというのは政府や政府の政策だけではなく、その国の市民社会や文化にも関係していることは確かです。

限界ある中国のソフトパワー

では、中国のソフトパワーとは何でしょうか。

2007年以来、中国はソフトパワー強化に投資する意思があると表明しました。中国が抱えている問題は、アジア地域を見ればわかるように、近隣諸国と領土をめぐって対立関係にあることです。ヒマラヤ山脈地域の国境でインド軍と衝突していれば、インドにおけるソフトパワーを強化することは非常に難しいでしょう。

中国がソフトパワーで抱えるもう一つの問題は、共産党が市民社会をますますコントロールすると主張していることです。中国の体制に批判的な姿勢で知られる中国出身の現代美術家・艾未未《アイウェイウェイ》氏のような魅力的なアーティストが出てくると、当局に軟禁されたりします。そういう行為は、オーストラリア、日本、ヨーロッパにおける中国のソフトパワーを傷つけます。

このように中国のソフトパワーには限界があります。世論調査をみると、アフリカ以外のすべての大陸で、中国よりもアメリカの方が魅力的な国であると思われていることがわかります。アフリカでは中国とアメリカは引き分けになる傾向があります。

日本のソフトパワーは上昇していると思います。日本には伝統文化があるだけでなく、アニメやゲームといった現代のポップカルチャーも大変人気があります。その意味で、日本の魅力は増していると思います。それに加えて、日本は政治的に見て成功した民主主義国家です。日本における生活の質を見ても、非常に優れた場所です。

ＪＩＣＡ（国際協力機構）のような開発途上地域などへの経済・社会発展を援助する活動もすばらしいと思います。そういう援助プログラムは貧困国にとっては大歓迎されますし、日本を魅力的な国にしています。今もソフトパワーは非常に重要だと思います。

沖縄問題を解決するのは日本政府

アメリカの沖縄政策について、アメリカは辺野古《へのこ》移設を強く望んでいるが、地元に暮らす人々はノーと言っています。「卵を一つのかごに入れておけば（すべて割れる）リスクが増す」という私の考えは、中国の軍事力が上がることで米軍基地の沖縄への過度の集中がアメリカの軍事戦略上リスクになる、と受け止められていることは知っています。沖縄の人々が辺野古への移設を支持しないなら、我々は再考しなければならないとも私は考えています。沖縄で起きている問題は、日本が民主主義国家として解決すべき問題です。日本政府が辺野古への移設を進めるかどうかを決めなければなりません。それはアメリカにとっての用件ではありません。

長期的に言えば、日本にある基地をもっと日本自身がコントロールして、本州や北海道などにもっと分散されるのを見たいと私は思っています。つまり沖縄の人に対する負担を減らすべきです。NIMBY（not in my backyard＝わが家の裏庭には置かないで：社会的事業であっても自らの居住地域で行うのは反対）という発想は、すべての民主主義国が直面している問題ですが、まさにそれが日本における米軍基地問題です。

繰り返しになりますが、最終的に決めるのは日本政府です。何が正解かを私が言うべき問題ではありません。私の基本的な考えは、先ほど触れた「アーミテージ・ナイ報告」で伝えてきましたが、詳細を決めることはできません。私が提案しているのは、米軍基地を日本中に置けということではなく、アメリカの部隊を注意深く日本政府の管理下に移していき、米軍はこれらの施設をローテーション（巡回配備）していくというものです。ただ、辺野古を含め沖縄問題を解決するのは、あくまでも日本なのです。

グローバルに展開される不確実性

国連人口基金（UNFPA）は、インドの人口が2023年半ば時点で中国を抜いて世界一になるとの推計（14億2860万人）を発表しました。

さらなる経済成長が期待される一方で、エネルギー、気候変動、人口増、食糧不足、パンデミックなどグローバルに展開される不確実性があり、世界は不安定要素にあふれています。ウクライナでの戦争が引き起こしているエネルギー問題はますます深刻になっています。

ただ一つ言えるのは、エネルギーにせよ、気候変動にせよ、食糧にせよ、一国だけでは解決できないことです。パンデミックが浮き彫りにした問題の一つは、対策が国によってばらばらであったことです。

民主主義国家、独裁主義国家に関係なく、世界が一つになって解決すべき問題ですが、各国間の協力を得ることはできませんでした。地球規模の協力が必要な問題であるにもかかわらず、それを得ることがほとんど不可能だったのです。

これを見て、今後はグローバリゼーションと逆行する事態になると主張する人はいますが、ある程度それは仕方のないことです。サプライチェーンは部分的に寸断されたところもありますが、完全にグローバリゼーションを断ち切ることはできません。

今、世界にあふれている不安定要素を少しでも減らすには、地球規模の協力がますますす必要になります。各国間の相互依存を断ち切ることはできません。パンデミックで一時的にマヒしたように見えた世界経済も力強い回復をすでに見せています。

覇権国家ではない日本の役割

これから偶発的に大国間の戦争が起きるかもしれません。しかし、歴史を見れば、我々はいまだ教訓を得ていないことがわかります。そういうリスクを減らすにはやはり地球規模の協力が必要です。

それは言うのはたやすいですが、具体的にどうやってその協力を得るのか、それは分野ごとにやり方は異なるでしょう。それぞれの国の得意なところは分野によって異なります。だから分野ごとにリーダーになる国が異なります。日本もリーダーになり得る分野があるはずです。

日本はさきに述べた二つの脅威に直面していますが、リーダーになれる分野がありますから、そこで主導権を取って重要な役割を果たしてくれることを心から期待しています。中国やアメリカは覇権主義ですが、日本はそうではないので、むしろ他国からの信用を得ることができるはずです。

Chapter 5

社会規範に根ざしたバランス感覚

国家権力と社会のあり方を浮き彫りにしたパンデミック

Daron Acemoglu

ダロン・アセモグル

経済学者／マサチューセッツ工科大学教授

1967年、トルコ生まれ。マサチューセッツ工科大学エリザベス&ジェイムズ・キリアン記念経済学教授。専門は政治経済学、経済発展、成長理論。ノーベル経済学賞にもっとも近いと言われるジョン・ベイツ・クラーク賞を2005年に受賞。著書に『国家はなぜ衰退するのか　上下』（ロビンソンとの共著、鬼澤忍訳）、『マクロ経済学』（レイブソン、リストとの共著、岩本康志・岩本千晴訳）、『自由の命運：国家、社会、そして狭い回廊　上下』（ロビンソンとの共著、櫻井祐子訳）など。近著にサイモン・ジョンソンとの共著『技術革新と不平等の1000年史　上下』（鬼澤忍・塩原通緒訳）。

脆弱な民主主義と大規模な汚職

2022年2月24日に始まったロシアのウクライナ侵攻による戦争は、近いうちに終わりそうにありません。撤退することはプーチンにとって敗北になりますし、ウクライナが近い将来崩壊することもなさそうです。つまりこの戦争はさらに長引く可能性があります。これは世界経済や政治システムに甚大な影響を与えます。

ウクライナはロシアの支配から離れて、民主主義国家になりたいと意欲を見せていますす。私は「民主主義」「自由」「繁栄」を維持するための条件とそのシステム構築には何が必要かという研究をしてきました。私の研究はこれらのいくつかに焦点を当てていますが、国際的な局面についてはまだ不十分と言わざるを得ません。

しかし、ここでは国際的な局面こそがカギとなります。

ロシアからの絶え間ない脅威にさらされ、侵攻されていると、ウクライナは国家として、あるいは、民主主義国家として生き延びることはできません。それはきわめて重要なポイントです。しかし、ウクライナは興味深いケースであるということも指摘しなければなりません。

ウクライナは民主主義にコミットしていますが、その民主主義は脆弱で、汚職も大規模にはびこっています。制度上の脆弱さや司法も機能不全を起こしています。ですからこの事態が一つのきっかけとなり、ウクライナにとって新しい始まりが起きています。いつになるかわかりませんが、戦争が終われば、ウクライナに新しい制度や体制を構築することに、より大きな動きが起きるでしょう。

食糧安全保障という難問

この戦争によってドイツをはじめとする欧州や西側諸国においては、天然ガス、原油輸入など「資源大国ロシア」との関係で重大な影響が出ています。日本でも長引く物価高に国民は苦しんでいると聞きます。

アメリカはシェール革命以後、エネルギー政策の大転換を図り、欧州向け原油輸出は好調ですが、中国の景気後退といった変動も予見され不確実性は残されたままです。次の世紀に移行するにあたって、エネルギー問題や食糧安全保障は本当に大きな課題です。今は、これからの10年20年において、我々が食糧安全保障に関して直面する問題の始まりにすぎないと思います。

エネルギー政策については、ロシアの天然ガスに依存することはそもそも健全ではなかったと思います。

というのもヨーロッパや日本やアメリカは特に再生可能エネルギーや他のエネルギー源にもっと投資をしなければならないからです。

ドイツも日本も原子力発電所を閉鎖する点で、大きな間違いを犯したと思います。原子力は重要な過渡的な燃料だからです。今こそ新しいエネルギー政策が必要であると思います。

再生エネルギーは人がエネルギーを必要とするすべてのところで要求を満たしてくれるわけではないので、我々は天然ガスに依存し続けることになるかもしれません。あるいは地域によっては、原子力発電を復活させたほうがいいかもしれません。

民主主義の暗黒時代

国家権力と社会の力の関係について見ていきましょう。歴史家のニーアル・ファーガソン氏は自著の中で、格差を生むのは帝国主義でも地理的要因でも国民性でもなく、私とジェイムズ・A・ロビンソン氏が言及している「制度と規範」にあると主張しています。そもそも「規範」とはどのように人々をまとめ、「制度」を維持するのに役立つものなのでしょうか。

制度と規範は分離できないものです。ある意味で、我々が今、アメリカで目の当たりにしているのは、民主主義の深刻な弱体化です。政治家が積極的に嘘をつき、自分たちにとって邪魔となるであろう制度を骨抜きにしようとする行動と結びついています。実際に複数の制度が覆されています。

ドナルド・トランプを例として挙げるのは簡単です。トランプこそ、制度転覆の真犯人です。しかし私は、共和党と民主党の双方がアメリカの民主主義システムの制度上の健全さをむしばんでいると思います。

同じことは他の多くの国でも見られます。ですから今は民主主義の暗黒時代といえます。民主主義はいろいろなチャレンジに耐えて生き延びる強さを持っていると思いますが、今は民主主義にとって危険な時期です。

厳密に言えば、民主主義という言葉を簡単に使うべきではないのかもしれません。「すべての人が参加できる政治制度」(inclusive political institutions) という言葉のほうが、「民主主義」という言葉よりも適切な言葉だと思います。

民主主義は参加する人の価値観を育てる政治システムにとって必要条件ですが、十分条件ではありません。多くの国にとって、自国の体制は民主主義的だと言います。選挙も実際に行われています。しかしそれだけでは十分ではありません。

競争のない状況で選挙が行われると、特定の有名人が政治を支配して、健全な市民社会はできません。さきほど「今は民主主義が危険な時期である」と言いましたが、人々は民主主義について懐疑的になっています。実際、多くの批判的な声があります。

多くの民主主義国には欠点がたくさんありますが、それでも民主主義は経済成長にとって望ましいのです。教育や子どもの健康にとっても望ましい。現代において成功した社会では、民主主義によってそれはもたらされています。そのほかの代替システムと比べると民主主義の方がはるかに優れています。しかし問題は、民主主義は世界中で後退している状態にあることです。それは2000年代のはじめくらいから起きています。

経済成長できた中央ヨーロッパ

意外に聞こえるかもしれませんが、民主主義は貧困層にとって望ましいという事実は、必ずしもすべての人が民主主義を追い求めることにはつながりません。民主主義が弱体化することから恩恵を受ける人がいますが、それは皮肉にも独裁主義的傾向があるパワフルなリーダーです。しかも実際にそれが中央ヨーロッパで起きました。ポーランド、チェコ共和国、スロバキア、ハンガリーを見ると、経済的には成功しています。多くの人が抱いていた懸念に反して、これらの国々の経済は見事に回復しました。

しかし、そのことがむしろ多くの弱点を残し、そこに付け込むのは簡単なことでした。

つまりこういうことです。

西ヨーロッパにおいて政党やメディアなど市民社会が参加する民主主義的な構造は、何世紀にもわたる長い時間をかけて進化してきたものです。一方、中央ヨーロッパにおいて民主主義という実験は、ごく最近なされたものです。ですから、多くの弱点を残しています。それはさきほど言ったように独裁主義的傾向があるリーダーが、その弱点をさらに弱体化させました。それは世界中で見られる現象です。

良い制度と経済成長の関係について説明しましょう。

重要な要素は三つあります。

まず安定を作り出す制度は、個人が投資や契約など経済取引の行為などに携わる権利を確保します。これは繁栄が共有されるようになるだけではなく、テクノロジカルな変化や生産性にとって重要です。

これは私の著書『国家はなぜ衰退するのか』(原題"Why Nations Fail")において、「あらゆる層に開かれた経済的制度」(inclusive economic institutions)と私が呼んでいるものです。

安定した環境は、人が投資をしたり、自らを向上させたり、新しい問題や既存の問題にアプローチする新しい方法を見つけ出すためのインセンティブになります。と同時に、社会の広範囲における機会の平等も重要です。そうでなければ非常に不公平な設定になってしまいます。

政治権力が広く分散されなければならない

二つ目に重要なことは、そういう経済的要素は、政治的・社会的要素とは切り離せないことです。権力が、一人やごく少数の人に集中する独裁主義になれば、経済を良くするために正しいことをしてくれるだろうと考えるのは間違いです。それがうまくいくことはまずありません。

その理由は、経済的制度は政治的制度と社会における政治権力の分散によって形作られるからです。実際のところ、この関係は有機的で相互関連性から切り離せないので、政治制度や政治体制が排他的である場合、経済的な制度がインクルーシビティ（何者も排除しないこと）を維持するのはほとんど不可能です。政治権力が広く分散されていなければ、より広い政治的機会、政治参加、社会参加を作り出しません。

三つ目は最も難しいものですが、制度を設計するということです。これは本当に難しい。制度について話すとき、一つの単純な解釈は「憲法のようなものである」というものです。これは優れた憲法を設計する賢人がいれば、準備万端であるという考え方です。

しかし、私の制度に対する見方は違います。

制度は進化するもので、歴史的なプロセスから生まれるものです。制度は政治と規範の双方向性から生まれるものです。制度は人々が政治にいろいろな形で参加することから生まれるものです。

だから、憲法の条項を変えるだけでは制度を変えることはできません。制度の設計はそう簡単にできるものではないからです。部分的にはボトムアップ・プロセスでなければなりませんが、純粋な進化のプロセスというだけではありません。人々が異なるビジョンを持って政治に参加し、より成功したケースから学び、異なる制度の選択がどういう結果をもたらすかを理解することは、そのプロセスの重要な部分です。

「専横のリヴァイアサン」と「不在のリヴァイアサン」

自由を守るためには個人や企業の暴走を防ぐ「強い国家」と、国家権力の行き過ぎを抑える「強い社会」とが均衡しながら成長することが必要だと思います。私の著書“The Narrow Corridor”（邦訳『自由の命運：国家、社会、そして狭い回廊』）の中の言葉で言えば、国家権力と社会のバランスが良ければ、国家はアメリカやイギリスのような「足かせのリヴァイアサン」から出発して発展する。一方、国家権力が強くなり過ぎると中国のような「専横のリヴァイアサン」（独裁国家）になりやすい。そして、国家権力が弱体化し社会が強過ぎる場合は、「不在のリヴァイアサン」（無政府状態）に向かっていく。

この「専横」と「不在」の間の「狭い回廊」をうまく進むにはどうしたらよいのでしょうか。私と共著者であるロビンソン氏が唱える、国家と社会のバランスをとるための条件とは何でしょうか。

私はバランスこそ重要だと考えています。

社会規範に根ざした制度によるバランス感覚が重要です。ウクライナ戦争というグローバルな危機を経た今、この考えや解決策に新たに加えたり、修正したりする点はないと思っています。特に、パンデミックは、国家権力と社会のバランスを浮き彫りにした顕著なケースです。

パンデミックは今まで以上にこれらのイシューを浮き彫りにしました。またそれは他の緊急事の対応の方法にも注目させました。私がパンデミックへの対応に成功したと考える国は韓国や台湾ですが、これらの国が示してくれたのは、国の制度や規範をテコにして、一時的に国の規制や制度を強化する能力です。

例えば、外出禁止令とか感染の追跡といったものがありましたが、それらは根本的には国家としての制度を弱体化することなく行うことができました。現在の台湾は、4年前と比べて、民主主義のレベルは落ちていません。同じことが韓国にも言えます。逆に言うと、独裁主義の方向にはまったく進んでいないということです。

他方でアメリカでは正反対のことが起きました。従来の制度が機能不全を起こし、か

ROCK&ROLL
ECONOMIC THEORY FELLOW
Medicine
Germany
The Israeli Economy
Tirole

ダロン・アセモグル氏（左）と聞き手の大野和基氏＝米国マサチューセッツ工科大学のオフィスで

つ、パンデミックの問題にも対応できず、さらにパンデミック後もいろいろな規制の点で、国の権力が著しく強くなりました。民主主義とは逆の方向です。

そのいくつかは必要だと思いますが、今起きていることの多くは、パンデミックのまっただ中に導入されて、今でも続いています。しかし、その規制が実施されるべき正しい方法でなされたものではありません。

新たなテクノロジーをどう扱うか

かつてのＧＡＦＡのような巨大ＩＴ企業によるビッグデータの独占、それにもとづくＡＩによるデータと権限の集中は、アメリカの企業「オープンＡＩ」による「チャットＧＰＴ」が問題視されるなど「技術的革新の成果ではない」と見る人たちもいます。個人の自由、プライバシー保護なども含め、ＡＩ、テクノロジーの進展から見てどういう将来になるか心配する人も増えています。

これは我々がまだわかっていない新しいゲームです。

最良のシナリオでは、このＬＬＭ（大規模言語モデル）は、我々の生活の多くの面を良くするでしょうが、最終的には独占市場になるでしょう。生き残るのは一つか二つのモデルになるでしょう。

そうなると今まで以上に格差があおられます。

多くの人が切に望んでいる、典型的なタイプの個人の自由や主体性、共有された繁栄といったものをどのように維持することができるのか。それらは期待することができるものなのかはわかりません。これから数十年先、どのようになっているかはまだわかりません。

イノベーションの方法も変えなければならないでしょう。どのようなタイプのテクノロジーをターゲットにするか、それらのテクノロジーをどのように使うか、それらの制度的な整備は必須と言えます。

つまり政府が介入するべきだということです。格差を減らすために、政府が一つのグループから別のグループに再配分することは重要ですが、社会的セーフティーネットを強化するため、それも格差是正には重要です。

しかしもっと重要なことは、こうした新しいテクノロジーに対して我々が何を期待しているのか、その新しいテクノロジーを獲得するにはどうしたらいいのか、それをどうしたら規制できるのかという視点から見て、政府はロードマップを示さなければならないことです。そのままやりたい放題にさせておくわけにはいきません。放置したままルールが後追いになれば手遅れになります。

賃金引き下げ、仕事消失

労働市場とオートメーションの関係について私は研究してきました。オートメーションがどんどん進むとどのような変化が労働市場に見られるのでしょうか。生産性や社会的な影響について、欧米の政策決定者や学術研究者がきちんと理解していない現状からすると、厳しいことを言うようですが、我々は〝居眠り運転〟をしていたと思います。

オートメーションは技術的変化の中でも特異なものです。人間を機械に置き換えるからです。生産性は向上しますが、それによって人間は解雇され、労働市場に悪影響を及ぼし、社会的反発を生じさせます。

しかし私の研究では、オートメーションは新しい仕事が生まれることにもつながります。あなたの周囲を見ても大多数の人が１００年前には存在しなかった仕事をしているように、結局のところ、オートメーションは新しい仕事を作り出すことになるでしょう。

ただし、注意しなくてはならないのは、この20年を見ると、オートメーションは新しい仕事を作り出すのではなく、コスト削減のために導入されているのです。そこに重点を置いています。つまり、労働市場の断絶を生み出しています。多くの労働者に対して、賃金引き下げ、仕事消失という苦難を作り出しています。

総合的にみると、オートメーションのような技術的変化は、世の中のためになる力にもなりますが、ますます格差を広げ、オートメーションをコントロールする人が支配的になります。社会の全体にあまねく恩恵をもたらすようになるには何十年もかかります。

産業革命の最初の80年、90年くらいの間に恩恵を受けたのは、資本家と実業家と少数の商売人だけで、労働者は恩恵を受けていませんでした。もっと時代が下れば労働者も恩恵を受けるようになりますが、それにしても90年というのは長すぎます。

AI時代、権力を持つ人

このことを、チャットGPTを含むLLM（大規模言語モデル）に当てはめて考えると、200年後にはすべての人々が恩恵を受けることになるでしょう。つまり、今から200年経てば、AIに対する人間の見方はかなり異なったものになるでしょう。

このプロセスは決して自動的に起きているのではありません。パワーバランスの移行時に変化しました。

イギリスの例で言うと、最初は貴族的なトップダウンによって社会は動いていました。その場合、労働者には何の権利もありません。労働組合も禁じられ、5歳という幼い子どもが炭坑や工場で働かされました。

それから政治システムが民主主義的になってきて、実力主義の官僚制度や労働者の交渉力も増していった結果、労働組合も合法的になり、賃上げや他の権利を求めるようになったのです。

社会、政治、産業のいずれの分野においても歴史的にたどってきたこうした動きと同じようなことがこれからも見られるでしょう。

ＡＩがさらに開発されると権力を持つのはアルゴリズムのパワーを味方につけている人です。

そうした点において、今までとはまったく異なる局面に入りつつあります。こうした傾向について「しょせんテクノロジーのできることなんて大したことはない」などと楽観的にとらえる人もいるようですが、その影響を過小評価すればいずれしっぺ返しをくらうことになるでしょう。

日本の民主主義

日本は１９９０年代のバブル崩壊以後、長期停滞に入ったままと言われます。国家は、少子高齢化による人口減・経済格差など多くの社会問題を解決できないにもかかわらず、政権転覆につながるような激しいデモや社会変動は起きていません。つまり、国家を監視し、国家の「専横」を防ぐほどには社会は強くない。この日本の状況はとても興味深いと思います。

私は日本の専門家ではありませんが、なぜ日本の労働者が賃上げをもっと激しく要求しないのかわかりません。日本は最近の例で、高齢化が最も早く進んでいる社会ですが、ロボットを多く使ったり、経済活動を立て直したり、いくつかの点で日本はその傾向にうまく適応したと思います。

少子化対策というのは非常に難しいチャレンジです。もっと子どもを作るように人に命令することはできません。中国では人口減が問題視されているようですが、他のヨーロッパなどの多くの国は日本と同じような人口統計学上の問題に直面していません。なぜなら移民の受け入れに積極的だからです。

日本はそうした選択をしませんでした。難民認定がとても厳しいからだとも言われますが、その理由はわかりません。

とはいえ、いろいろ考慮してみると、日本の民主主義は総合的にうまく機能しています。もちろん贈収賄や談合も起こっていますが、それは民主主義のプロセスがそうした問題を認識して立ち向かわなければなりません。

私の祖国トルコにおける民主主義はまったく異なります。トルコの民主主義はほとんど死んだも同然です。他方、経済は違います。地方から都会に移っています。一時、大規模な建設ブームがありましたが、労働組合はトルコでは非常に弱く、大きなストライキは起こっていません。トルコの労働市場は規制されており、それが多大な非効率性を生み出しています。

トルコでは民主主義が〝逆戻り〟したので、報道の自由はまったく残っていません。国に対して反体制的なものの見方を公表したことで刑務所に入れられている人がたくさんいます。司法は完全に大統領のコントロール下にあります。

中国の新しいナショナリズム

中国は日本を抜き世界2位の経済大国となり、アフリカや中東への関与を拡大させています。とはいえ、中国においても景気後退と人口減というリスクは指摘され、かつ、リーダー自ら憲法改正して任期制度を撤廃し、初の3期目を務めるなど民主国家・自由主義とは異なる「専横」の道を突き進んでいます。

習近平・国家主席がますます専横的になってきたことは間違いありませんが、私は中国に対して、以前とはいささか異なる解釈をしています。

以前は、elite circulation（エリートの循環）という鄧小平のモデル下で、エリート・コントロールをしていたから、中国はうまくやっていたと考える人がいました。つまり一人のエリートが入ってきて、さらにもう一人のエリートが入ってくると、彼らがお互いを抑制し合い、それでうまくいっていたのです。けれども、そのモデルが安定したことは一度もないと思います。

これは私の著書『自由の命運』の主要テーマの一つです。

トップに君臨するエリートによって計画された経済的ダイナミズムと、自由は両立しません。そこには社会の参画が必要です。中国がますます裕福になったことで中間層が出現してくると、自由に対する要求がより多く出されるようになりました。ある意味、習近平自身が過去の均衡を維持して、中間層を抑圧してきた共産党システムの結果です。

それにはある程度経済改革を必要としますが、政治的抑圧と情報コントロールが著しく引き締められます。

中国共産党にとって、それを実行する一つの方法は、ナショナリズムをあおることです。実際のところ、中国の新しいナショナリズムは、共産党のコントロール下にありません。それは自律した力になりました。もちろん、より習近平らしい方法もあります。例えばゼロ・コロナ対策です。これはより特異な対策でしたが、私は習近平を中国の政治システムからの逸脱とは見ません。単に、以前からの継続であると見ます。

中国と政治的・経済的・軍事的に覇権を争うアメリカは、トランプ以後、国内の分断と格差問題を抱えています。2023年3月に起きたシリコンバレーバンク破綻をきっかけとした銀行不安に証券市場の動揺が重なれば、新たな信用不安となりグローバルに波及していく可能性も指摘されています。

しかし、実際それがグローバルに広がるとは思いません。むしろ、アメリカが抱えている主要な問題はバンキング・セクターにあるのではなく、テクノロジー・セクターにあり、格差を生み、他のすべての会社を食い物にする少数の企業が幅を利かせていることにあります。

豊かさの本質はどこにあるのか

国家の能力、経済発展、経済成長とは何か。それを一般の人に対してどのように説明したらよいか。そもそも「豊かさ」や「繁栄」の本質はどこにあると考えたらよいのでしょうか。

経済成長というのは、それをどう測定するかで変わってきます。それについては新著"Power and Progress : Our Thousand-Year Struggle Over Technology and Prosperity"（サイモン・ジョンソンとの共著『技術革新と不平等の1000年史』）で強調した、もう一つのテーマです。

GDPだけで経済成長を測定することはできません。意義ある人生、良い仕事、平等が必要です。これらはAI革命がさらに脅威にさらす問題です。

恐らくAIはデータや新しいプログラムなどの面で生産性を増すでしょう。でも、もしそこから得られた利益を平等に分配することができなければ、より良き市民、労働者になる気持ちをわかせることは難しいでしょう。そうなるとそれは進歩とは言えません。

新たな産業革命が起きたり、AI革命が起きるとパワーバランスが変わったり、まったく異なる局面に入ることになります。だから妄信的に楽観主義になるのは危険であると私は言いたいのです。テクノロジーをコントロールする人が勝者になり、他の人は取り残されます。

AIについて最近よく考えます。

AIには確かに明るい将来があるでしょうけれども、私が今まで抱いていた懸念も象徴しています。テクノロジーの変化の歴史について振り返れば、AIなどテクノロジーが発達すると経営者や企業はますますパワフルになりますが、それは労働者や一般市民を犠牲にしたうえでのことです。

「自由への回廊」はAIのせいでますます狭くなっていると思います。さきほど言ったように、AIは一般市民や労働者を食い物にして、最大規模の企業と政府だけをますますパワフルにさせているだけです。

もしトルコが民主国家であれば

さて、最後になりますが、私自身、なぜ政治経済の研究を始めたのか。それについて少しだけ触れておきたいと思います。私はトルコ出身です。なぜ政治経済学を専門にしたのかといえば、１９８０年代、私は16歳くらいでしたが、そのころのトルコは軍事独裁の国でした。報道の自由はまったくなく、経済もひどい有り様でした。

私はまだ深い思考ができない10代の少年でしたが、もしトルコが民主国家であれば、どういう状況になっているだろうと何となく考えていたのを覚えています。それだけでも私にとっては十分興味深いテーマでした。

そして、その研究を深めていこうと思いました。

経済の様々な面に関心を持ちましたが、経済学だけでは説明できないこともたくさんあることに気付きました。そして民主主義や独裁主義についても研究するようになりました。いつの時代も、どこの国であっても、政治と経済と社会を切り離すことは不可能なのですから。

だからこそ、その根幹を研究したいと思い、他の同世代の学者よりも多くの論文を日夜執筆してきました。こうした動機を持った研究者がもっともっと出てくるといいと思っています。

Chapter 6

日本人にイノベーションは起こせるか

“Think Bigger”——誰もが使える体系的アプローチ

シーナ・アイエンガー
コロンビア大学ビジネススクール教授

Sheena Iyengar

1969年、カナダ生まれ。両親はインドのデリーからの移民でシーク教徒。目の疾患から高校生のころ全盲となる。ペンシルバニア大学ウォートン校で経済学士号を取得。卒業後、スタンフォード大学で社会心理学博士号を取得。『選択の科学：コロンビア大学ビジネススクール特別講義』はベストセラーに。最新刊に『THINK BIGGER「最高の発想」を生む方法：コロンビア大学ビジネススクール特別講義』（いずれも櫻井祐子訳）がある。

選択の問題ではなく価値観の問題

ロシアのウクライナ侵攻による戦争は2年を超えました。この戦争は長びく戦争になりそうです。ゼレンスキー大統領が生きている限り、ねばって戦い続けることでしょう。それはウクライナという国が今後、生き残れるかどうか、まさしくサバイバルがかかっているからです。

リアリズムで考えると、ゼレンスキー大統領が仮に亡くなった場合はどうなるかわかりませんが、プーチン大統領が失脚する、あるいは死亡するようなことがあれば戦争はすぐに終わると思います。どの段階でロシア人が、「もうたくさんだ、疲れ果てた」と言うようになるのか。そういう問題があります。

というのもある意味でロシア人は、アメリカ人がベトナム戦争で戦っているときと似た状況にいるからです。ベトナム戦争で戦ったとき、我々アメリカ人にとってプラスになるものは、何一つありませんでした。

ベトナム人にとっては大いにプラスになると考えられることがあったので、彼らは何がなんでも戦ったのです。結局、アメリカ人は政治家に対して、「もう十分だ」と言ったのです。ですからロシア人も最終的にもう十分だと政治家たちに言うかもしれません。アメリカは、ウクライナ支援として「停戦」ではなく「反転攻勢」を続けさせています。これは選択の問題ではなく価値観に行き着くと思います。アメリカは一国の自治権、つまり自国に対しては自国で決定する権利の概念を強く信じています。アメリカは共産主義の形であろうとなかろうと独裁主義に反対しています。もちろんすべての独裁主義に反対しているわけではありません。アメリカ文化には、自治権が脅かされている国を助ける価値体系があるのです。

かといって、アメリカがすべてのケースで助けるというわけではありません。アフリカやカンボジアや中東では、アメリカはあまり救いの手を差し伸べていません。アメリカが助ける国は、自治権が欲しいと叫んでいる国でしょう。つまり、「もしあなたが我々を支援しなければ、近隣の自治国が危険にさらされる」という状況にある国です。

他方で、ウクライナで起きている戦争は、「ウクライナとロシアのsquabble（つまらない争い）だから、二国間だけで戦わせればいい」という主張も成立します。

民主主義はfancy word

私は自著『選択の科学』の冒頭で、「自由とは選択する権利、つまり自分のための選択肢を作り出す権利のことだ」というアーチボールド・マクリーシュの言葉を紹介しています。自分で選ぶことのできる「自由」に支えられるのが「民主主義」ですが、その「輸出国」であるアメリカで2021年1月6日、議会襲撃という暴挙によって民主主義が危機にさらされました。

ここではまず、民主主義とは何か、自由とは何かについてをはっきりさせなければなりません。民主主義は集団による意思決定プロセスに対する〝聞こえのいい言葉（fancy word）〟です。私は多くの異なる種類の、集団による意思決定プロセスを作ることができますが、一人のリーダーがすべてを決定する独裁主義や少数の人が決定する寡頭政治に代わるものとして、民主主義はデザインされています。つまり民主主義というのは、意思決定のパワーを多くの手に入れることを単に意図したものです。

どの民主主義をとっても、まったく同じように構造化されたものはありません。しかし、それらを十把《じっぱ》一絡《ひとから》げにして、民主主義と呼んでいるだけです。インドが最大の民主主義国家で、イギリス、ギリシャも民主主義国家です。でもそれぞれ構造は少しずつ異なります。どの個人にも一票を与えているわけではありません。自分が望む政策を掲げる人、つまり、代表する人＝代議員を選ぶ民主主義も多くあります。

では自由とは何か。それが民主主義とどうリンクしているのでしょうか。

確かにスイスのようにどのイシューについても個人が投票する国もあります。でも、アメリカはそうではありません。だから最高裁判所というものがあり、人工中絶のようなイシューについては最高裁が判断を下します。自由度はアメリカよりスイスの方が高いと言えるでしょう。

我々が「民主主義が後退している」と言うとき、それはこういうことを意味しています。地球上の様々な地域で、選挙システムや代議員を選ぶシステムが問題を起こしている、つまり自分たちを代表していないと感じている人々が多数存在しています。それにはいくつか理由があります。

あるケースでは、多数派の意見が強すぎて、少数派がないがしろにされていると感じているために起きていることです。その逆もあります。少数派の意見が強すぎて、多数派の意見がないがしろにされている場合です。

どんなシステムでも個人個人の望みや好みをすべて代表するシステムはありません。我々ができる唯一のことは、いろいろなステークホルダー（利害関係者）の間の抑制と均衡をより多く作り出す、意思決定システムを作ることです。

そこにはカオスを生じさせてはいけないので、質の高いシステムが必要です。質が悪いシステムは決定がなかなか行われず、カオスが生まれます。だから独裁主義で国を運営する方が、より簡単ということになります。

三つのチャレンジ

なかでも、アメリカの民主主義が後退していると言われます。それについて私はこう考えます。アメリカは均一性に欠けていて異質性がより強いので、アメリカが導入しているシステムは代議制民主主義です。これは国民からみれば、民意をそれほど代表していないように感じます。それに対して異なる小集団を作っています。民主、共和両党に極派がいますが少数派です。アメリカ国民を代表していませんが、複数の少数派がありますそれが連合を作ります。それについての一つの問題は少数派が権力争いをすることです。人工中絶問題がその好例です。

ほとんどのアメリカ人女性は中絶に賛成ですが、強力な少数派が、人工中絶は絶対に許さないと考えており、その少数派ができるだけパワーを集めて声高に叫びます。銃規制も同じです。それが一つ目の問題です。

二つ目の問題は、民主、共和両党の政治家たちが、以前よりも腐敗して、透明性に欠けていると国民が気づき始めたことです。我々が導入したシステムに対してだけではなく、政治家たちに対する信頼が損なわれています。つまり公平性や安心感がなくなってきているのです。そして変化を求めますが、変化のための変化ではポジティブな変化が生まれません。すでにあるルールのどこを変えなければならないか慎重に検討しなくてはいけません。改善ではなく改悪になる可能性はいくらでもあるからです。それが二つ目のチャレンジです。

三つ目の大きなチャレンジについてはこうです。アメリカのシステムでは普通、現職が有利になり、それにチャレンジする人はあまりいませんが、野党には予備選に立候補する人がたくさん登場してきます。一見したところたくさんの選択があるように見えますが、市民から見ると候補者を比較する方法さえもわかっていませんから、異なる選択には見えないのです。

候補者がお互いにそれほど異なるように見えないのは、どういう人が実際に市民に好まれるかわからないので、目立つのを恐れているからです。ですから、市民から見ると似たり寄ったりに見えて、少なくとも意味のある選択にはなっていません。

無宗教と悲観主義

『選択の科学』の中で、私は「宗教が人生観に与える影響」を明らかにしようとしました。

まず、「宗教や信仰は、健康や幸福に影響を与えているのか」と問題設定し、2年間にわたり9つの宗教、600人を超える信者へのインタビューを行いました。その結果、宗教が及ぼす影響の大きさについて、原理主義的信仰を持つ人たちが最も高い数値を示し、自由主義的信仰を持つ人たちの数値が最も低かったのです。

第二の質問は、一人ひとりの楽観度に関する調査でした。たとえば、「解雇されたらどうするか」という問いに、「解雇されたのは特定の問題のせい」と答えた人は楽観主義者、「解雇されたのは自分の欠点のせい」と答えた人は悲観主義者に分けました。自分の人生に対してどれだけの自己決定権を持っているか調べたのです。

宗教上、「原理主義」と分類した信徒は、宗教に大きな希望を求め、逆境にも楽観的に向き合う傾向が見られました。ところが、悲観主義と落ち込みの度合いが最も高かったのは、無神論者でした。つまり、宗教上多くの決まり事が多く、選択の自由を制限されていたにもかかわらず、原理主義者である人たちの方が「自分の人生を自分で決めている」という意識を持っていたことがわかりました。つまり、制約は必ずしも自己決定感を損なわず、思考と行動の自由は必ずしも自己決定感を高めるわけではないのです。

総じて、無宗教と言われる日本について、私はこう考えています。

日本人は長年、真の悲観主義の期間を経験してきました。しかし、今元気になりつつあると思います。今は閉じこもっていた貝殻から出てきているところでしょう。

ただ、日本人は無宗教が多いということは、平均するとアメリカ人よりも悲観主義であることを意味すると思います。またこれはポジティブな面ともネガティブな面ともとられますが、日本はきわめて均一な社会です。いろいろな人種が混じっているアメリカとは違います。その意味では、日本は多くの国が持っていないものを持っていることは確かです。

例えばアメリカは、人によって世界観は様々ですが、日本は総じて価値観や世界観を共有しているように私には思えます。主観的な印象ですが、アメリカと比べてはるかに人を信用しているようにさえ見えます。日本は、日本人であることを誇りに思っている国だと思います。アメリカはお互いに対する不信感が根底にありますが、日本人同士で互いに不信感があることを前提に物事を考えるようなことは、長年なかったのではないでしょうか。

シーナ・アイエンガー氏（左）と大野和基氏＝米国コロンビア大学のオフィスで

最近、人口減少の点から、若年層と高齢者層との間でのギャップがあるとメディアでは伝えられているそうですが、少なくとも、日本のような国は非常に珍しいでしょう。日本には確かに無宗教の人が多いですが、最も重要なことは目標を持つことです。戦後日本には国力を取り戻すという大きな目標がありました。日本は均一社会なので一丸となって共有された目標に向かうと言えるのではないでしょうか。

ビジネスの発想を一変させた実験

1995年にアメリカの高級スーパー「ドレーガーズ」で行ったジャム販売をめぐる実験は私を一躍有名にしました。「豊富な選択肢は売り上げをあげる」という仮説を確かめるために、24種類のジャムと6種類のジャムを売り場に並べたとき、前者は、後者の売り上げの10分の1しかなかった、というものです。

この結果が実証的に確かめられると、洗剤などの消費財から金融商品、コンサルティングの方法まで「選択肢を絞ることで、顧客満足をあげる」とビジネスの発想が一変しました。あれからずいぶん時間が過ぎました。今、まさにそれについてメタ分析をしているところです。

「選択」の効果に注目した900ほどの研究がありますが、それについて2010年と2018年に行われた二つの異なる大規模なメタ分析があります。この25年間で、それについて議論したいくつかのポイントがあります。それは選択肢が多すぎることが問題であるかどうかです。

もう一つは、多くの分野で「選択」の帰結について人々が注目しました。生物学では、コオロギが、交尾する相手候補が多ければ交尾の確率が高くなるかといった帰結に注目しました。そのほかにも政治における投票行動とか農業、マーケティング、医療……あらゆる分野における選択の結果に人々の関心が集まりました。

これらの分野全体にわたる研究の結果わかったことは、人間も動物も選択の数が多いとモチベーションが下がり、選択の数が大幅に増えると選択できなくなり、機能不全を起こしがちになるということです。

これはあくまでもまだ欲しいものがわかっていない場合のことです。例えば最初からいなり寿司が食べたいと決めている場合、私があなたに1000の選択肢を与えてもその帰結に影響はもたらしません。

何が欲しいかわかっていない場合、選択肢が多すぎると、人は決められないという機能不全が起きることがあるのです。最近MRIを使って研究した結果があります。三つから五つ程度の選択でも迷いが起きるということがわかりました。

自分で「選択上手」になる方法

経済格差が世界的に広がり、かつて以上に「選択」の仕方の重要性が増していると思います。さらなる「選択肢」を最大限活用するために、まさに「選択の仕方を選択する」ことのバージョンアップとはどんなものなのでしょうか。

むやみやたらに選択肢を与えるのは間違っています。区別のつかないような選択です。逆に選択肢を与えないというのも間違っています。自分が選択肢を提供する場合、意味のある選択肢を相手に与えることが重要です。どれを選んでも「自発的行動につながる刺激」になるような選択肢でなければ意味がありません。それは人間にも動物にも当てはまります。

2023年現在、私の新著“Think Bigger：How to Innovate”（邦訳『THINK BIGGER「最高の発想」を生む方法：コロンビア大学ビジネススクール特別講義』）は、『選択の科学』の続編に当たります。『選択の科学』では、近年、私たちが直面している選択する難しさについて著しました。私たちには文化的な相違があります。自分の意志で選択しているつもりが、どうしてもマーケッター（マーケティング担当者）によって、うまく操られていることが多い。

何を選択するかは、あなたの「本性」を現すことになります。もちろんいつどのように死ぬか、というような自分の意志で選択できないものもあります。しかし医療そのものの進歩や、健康医療制度も変化していますから、同じ環境でも将来もっと長生きするかもしれません。

続編という位置づけである“Think Bigger”の方は、選択がうまくなるにはどうしたらいいかについて説明しています。これは非常に実践的な本で、政府や会社に選択してもらうよりも、自分で選択上手になるための具体的な方法を書いています。どれほどあなたが裕福でも貧しくても、それに関係なく、成長するにつれて学ぶべき選択の方法が書かれています。

現実を直視すると、自分が行う選択のほとんどは、実際に自分が直面している問題を解決することにはなりません。自分の生き方や家族との暮らし、会社と従業員の関係の中で日々生じる、様々な問題や課題に対してどのように対処するのがよいのか、何をすべきかわかりません。私が新著で示したことは、自分自身で様々な社会生活において、具体的な解決策を生み出すような方法です。

「日本人はイノベーションが得意ではない」という考えに私は賛同しません。100%反対です。そういうことを言いたがる人がいるのはわかります。人種に関係なく、どんな個人もクリエイティブだと思います。これは文化に関係ありません。特定の性格にも関係ありません。「特別な脳」とも関係ありません。

例えばアインシュタインは特殊な脳を持っていたと言われます。でもどんな人間もクリエイティブです。生まれた瞬間から、あなたは情報を形成しています。どの日もどの瞬間も思考を形成しています。それがクリエーションの行為です。寿司を作ったのは日本人です。神道を作ったのも日本人です。武術を作ったのも日本です。トヨタを作ったのも日本人です。私の息子が大好きな折り紙を作ったのも日本人です。これだけ見ても日本人がいかにイノベーションを起こせるかわかります。

"Think Bigger"で私が説明しているのは、そこから「神秘性」を取り去る方法です。誰もが使えるように、非常に体系的なアプローチになっています。規律を重んじる日本文化の価値観から見ると、私のアプローチとも合うのではないかと思います。

AIはあくまでも補助器具

今、世界中でAIの可能性について議論されています。「チャットGPT」の到来やこれからのAIの飛躍的な開発が、我々の選択方法にどのような影響を与えるのか。AIに選択を任せてもいいのか。もしそうならば、我々は自分で選択する能力を失っていくのではないか——。

私がまず言いたいのは、チャットGPTの登場とそれが与える影響について誇張しすぎだと思います。今はホットな話題ですが、思い返してみると我々は電卓が出てきたとき、それが数学を無効にしてしまうと考えていました。誰も数学をやらなくてもいいようになると思っていました。13×25を暗算でできる人は今、少なくなったと思いますが（日本の九九と違ってインドでは20×20まで教育する）、インド系アメリカ人である私は、今でも簡単にできます。

明らかに電卓やコンピューターの発明は私たちの暮らしの一部を変えましたが、数学を無効にしたでしょうか？　その逆です。19世紀に発明されたカメラはアートを無効にしたでしょうか？　アーティストが描いたポートレートを買うよりも、カメラで撮った写真を買う可能性の方が高いですが、それはすぐ手に入れることができるし、価格が安いからです。でもカメラはアートを殺していません。むしろ、印象派やキュビズムのような異なるアートの伝統を生み出しました。

チャットGPTについては、主に二つのことをしてくれる新しい補助器具と考えましょう。

一つ目は、多くの情報を収集して、それをより早く形成するのを助けてくれることです。それで選択することがうまくなるのかどうか。私はなると思います。自分にとって必要なことをチャットGPTにうまく聞けば、うまく選択できます。

二つ目はアイデアの大雑把なドラフトを与えてくれます。これを使って詩を書いたり、メールを書いたり、新製品の売り方についてアイデアを出してくれたりするでしょうが、最終的には自分で判断しないといけないでしょう。たくさんのアイデアを出してくれるでしょうから、決断までのプロセスは早くなるでしょう。ですからチャットGPTやこれからさらに開発されるAIはあくまでも補助器具として考えると、よりうまい選択ができるようになります。

道具をいかに使うか。それをうまく使いこなせば、より良い選択は可能になると私は考えています。決して、敵対するものではないのです。

Chapter 7

民主主義の後退はなぜ起きているのか

自らの失敗を忘れたアメリカ

Jason Brennan

ジェイソン・ブレナン

ジョージタウン大学マクドノー・ビジネススクール教授

1979年、米国生まれ。2007年にアリゾナ大学でPh.D.取得。専門は政治哲学、応用倫理、公共政策など。リバタリアニズムの有力な論客である。著作の訳書に『アゲインスト・デモクラシー 上下』（井上彰、小林卓人ほか訳）がある。

分断の根っこにある〝感情的な嫌悪〟

アメリカの民主主義の最も深刻な欠陥とは何か。それは30年前や40年前と比べて、アメリカにおける分断がひどく進んでいることです。実際にはそこまでひどくなっていないのに前よりひどくなっていると思うことは往々にしてあります。それを悲観主義バイアスと言います。しかし現在の分断は相当悪化しています。

ただ、平均的な普通の人びとについて言うと、政治的態度や主義主張、イデオロギーの面でお互いがそこまで分断されているわけではありません。〝感情的な嫌悪〟といったものが以前と比べてかなりひどくなっていると言えます。

例えば1960年に、平均的な共和党支持者に、「あなたの娘が民主党支持者と結婚しても気にしませんか？」と聞けば、「気にしません」と答えていたものです。その逆も同じです。けれども今だったら「ノー」と答えるでしょう。しかも「ノー」と答えることに誇りを感じています。支持政党が異なる相手のことを「悪人だ」とまで言うでしょう。その代わりに支持政党が同じ人たちと交流するようにしています。

こうした傾向は、ますます強まっています。20年前より、40年前より、60年前より悪化しています。これは世界中で起きていることではなく、アメリカに特有な現象です。民主主義の本質は選挙民が自由に投票できて、かつ、お互いの考えを尊重することにありますが、今のアメリカはまったくそのようになっていません。

2大政党というシステムの問題

その原因を分析するうえで、大局的に見るには、100年前、150年前は何が問題だったのかを振り返ることです。

第二次世界大戦後、アメリカは驚くほど政治的に結束していました。こうした現象は国家的危機があると往々にして起きることですが、イデオロギー的に見ても政党間の距離は近づいていきます。危機という〝異常な状態〟が続くと、むしろ事態は〝正常〟に戻ります。

今、アメリカで起きていることは、1823年（ヨーロッパのアメリカ大陸への不干渉を主張する「モンロー主義」を宣言）、1863年（リンカーンによる「奴隷解放宣言」）、1890年（西部「フロンティアの消滅」を宣言）に起きたことと同じと言えます。つまり、これらの時代の新聞論評を読むと、人々は互いに極めてネガティブで悪意のある意見をぶつけ合っていたことがわかります。1940年には一時的にそれがなくなり、アメリカが一丸となって戦争に向かった、ということです。

危機が去り、正常に戻ることで国内の事態が悪化したのですが、何かがきっかけとなって起きたわけではないでしょう。もちろん第二次世界大戦で、結束が生まれたことは間違いありませんが、時間の経過とともに国内の状況は悪化していき、そして正常な状態に戻ったのでしょう。

宗教が30もあった18世紀イギリス

アメリカの分断がここまでひどいのは、恐らく2大政党のシステムに原因があるのでしょう。2大政党の問題は、宗教や文化の対立と似ています。

フランスの哲学者ヴォルテールはこう言っています。

「宗教が一つしかないと、それが支配して、誰も異なる考えを持たないようにすべての人を抑圧する傾向が出てくる。主要な宗教が二つあると、絶えず対立が起こり、一つがもう一つを打ちのめして、支配的宗教になろうとする」

イギリスでは1706年には主な宗教が30もありました。

そこまでたくさんあるとお互いに対立せずに、持ちつ持たれつの関係になります。自分の考えと同じ人だけしか受け入れないというような態度は通用しないからです。誰もがマイノリティーになり、多様性と向かい合わざるを得ません。だからみんなお互いを受け入れるようになったのです。

主な政党が二つないし三つしかない国では、政党間の敵対心は本当に高いものとなります。選挙で勝つチャンスがある政党が多数あるところでは、自分の支持政党以外は認めないという態度では、生きていけないからです。

ドナルド・トランプが2016年にアメリカ大統領に選ばれたとき、「言論の自由」

という民主主義の根幹とも言える権利を用いて、「フェイクニュース」「ポスト・トゥルース」といった言葉を振りまきました。民主主義のパラドックスとも言えるこの特徴は、民主主義にはそれ自体に、破壊の要素を含んでいるということです。

ある意味で、虚報やデマといったものは昔から存在します。これは言論の自由のマイナス面と言えます。古くギリシャ哲学に遡ってみても、プラトンはアテネでこのことを危惧していました。確かに人びとがそれぞれ信じているものを自由に言うことを許せば、嘘をつくこともあります。トランプはその点で普通よりもひどかったと心底思います。

けれども、それはトランプに限ったことではなく、ほとんどの選挙で立候補者は、「嘘だとわかっていること」を演説しているのです。

嘘とわかりながら正当化する

私は自分の学生を、著名な政治リーダーの経済アドバイザーのインターンとして送り込みました。その経済アドバイザーはテレビ出演して、「経済政策はうまくいっている」

と発言しました。そこで、インターンになった私の学生に、「経済アドバイザーはテレビで事実ではないことを言っているが、それを本人はわかっているのか」と尋ねました。すると、嘘であるとわかっていて、テレビであたかも真実であるかのように話していると言っていました。つまりリーダーに雇われているアドバイザーはいわば「必殺仕事人」、つまり、ある事業を推進するために雇われた人であるということです。

リーダーが言っていることが嘘であるとわかっていても、正当化することが彼らの仕事です。これは民主主義ではよくあることです。ありとあらゆる種類の虚報が世の中にはあふれています。

その中でもトランプは平均よりもひどかっただけです。

しかし私は、トランプのみを取り立てて「不健全な力」をもつ人で、他の人は健全であるとは思いません。政治家ならみんなやっています。

あのオバマでさえもオハイオ州でNAFTA（北米自由貿易協定）についてスピーチをしているときに、虚偽の発言をしていました。それはオハイオ州の選挙民を〝騙《だま》す〟ためです。自由貿易の真実について選挙民は何もわかっていないのだから、虚偽の話をしてもわからないだろう――こういう行為はオバマのような高潔と思われているリーダーでもやります。トランプだけではありません。

誰が情報を規制するのか

フェイスブック（現在はメタ）は虚報を規制していると言っています。ここでは、「誰が情報を規制するのか」ということが重要になります。

虚報をコントロールするパワーを作り出すことが、虚報を拡散しているまさにその当人によって使われる武器になっているのです。

アメリカの大統領選挙のシステムについては、選挙人団（選挙人は各州を代表して大統領および副大統領を選出する）を含め、そもそも選挙の仕方を変えるべきだと言う人もいます。民主主義の視点から見て、現在の大統領選の投票システムは最も民主主義的なシステムなのでしょうか？　これについておもしろいのは、国によって選挙制度は異なりますが、ほとんどの国の選挙制度よりもアメリカのそれは民主的であることです。

カナダやイギリスや日本を考えてみてください。ほとんどの国は議院内閣制です。国民は首相を直接選べません。国民が選ぶのは国会議員であって、そこで選ばれた与党の議員が首相を選びます。それはとてもよく使われているシステムです。一方、アメリカにおいて大統領を選ぶのは国会議員ではなく国民です。有権者である選挙民が大統領を選ぶわけですから、イギリスやカナダや日本よりもはるかに民主的です。

「日本人嫌い」な陪審員だったら

私は「有能性原理」について考察しています。誤解を恐れずに言えば、いわゆる〝無知な選挙民〟に投票させることは、〝無知で判断能力に欠けた陪審員〟に評決を出させるようなものであると。

刑事裁判では陪審員が裁くことが多いですが、裁判中に陪審員が本当に退屈に感じて、証言の詳細に耳を傾けないことがあります。最終的に評決のときに、コインをはじいて表が出たら有罪にするのと同じことです。それは「茶番劇の裁判」です。

例えば、日本人がアメリカで裁かれた場合に、陪審員が日本人嫌いで、それが理由で有罪にしたとします。それも茶番劇になりますね。でも日本人嫌いであることは表に出ません。選挙民は有能かつ誠実に行動する義務があります。選挙民が愚かな決断をすると、それは自分自身に害を及ぼしていることになります。

大統領が間違った決断をすると、大統領ではなく、国民に害を及ぼしていることになります。

裁判官が間違った判決を下すと、自分ではなく、他の誰かに害を及ぼしていることになります。

しかし、今、言ったように選挙民が愚かな決断をすると、それは自分に返ってきます。子どもは投票権を持っていないので、愚かな決断をする選挙民は、子どもに害を及ぼすことになります。例えば、2016年6月、欧州連合（EU）からの脱退、いわゆるブレグジットを決めた国民投票で賛成に票を投じたのは、あと20年や30年後には人生を終えてしまうような高齢者でした。彼らによって圧倒的に支持されました。しかしその帰結は、まだこの世に生まれていない人が負うことになるのです。

知者による支配「エピストクラシー」

選挙でなくても、一つの国が行う決断が、他国に深刻な影響を及ぼすこともあります。特にアメリカが行う決断は、他国に甚大なインパクトを与えることがあります。しかし、コスタリカが行う決断は、他国にほとんど影響を与えることはありません。日本も政府の決断が他国に大きな影響を及ぼすことがあります。つまり我々の決断が、そのことに関して発言権のない人に影響を与えることがあるのです。

ですから私は、民主主義の欠陥の解決法として、「エピストクラシー（知者による支配）」を提案しています。それはエリート主義につながり、それはファシズムやひいては独裁主義への道を作る可能性があると言う人もいます。しかしここで強調しておきたいのは、私がエピストクラシーと言うとき、それは客観的な政治的知識をどれくらい持っているかに従って、投票力が測定されるシステムであるということです。

アメリカや他の国でも、医学的知識が一定のレベルを超えなければ、医者になることは許されません。エピストクラシーは、ある意味、それと同じです。つまり投票力は、あなたが持っている政治的知識によって決まるということです。

やや雑な言い方をすると、医師の国家試験のようなものに当たる試験に合格すれば、投票権が与えられるというものです。そこまでしたいとは思いませんが、もっと精巧なものです。

ですから、高度な専門性を持つ技術者らによる政治支配を意味するテクノクラシーと同じではありません。テクノクラシーは自分たちの利益のために人を操る、膨大な自由裁量権を与えられている官僚組織のことです。私はテクノクラートではありませんが、熱心な民主党支持者である私の友人の多くは高度な技術官僚です。アリゾナ大学のトーマス・クリスティアーノは熱心な民主党支持者で、テクノクラートです。私はエピストクラートですが、テクノクラートではありません。

さきに触れたファシズムのことですが、実際にエリート層の選挙民を見ると、平均的な人よりもはるかにファシストの要素が少ない傾向にあります。そのエビデンスもあります。収入、人種、ジェンダー、雇用状況などの要素や属性ごとに統計をとって客観的な観点からその政治的知識を見てみると、エリート選挙民であればあるほど、ファシズムを支持しないことが予測できます。平均的アメリカ人の方が、エリート層のアメリカ人よりはるかにファシスト的な傾向がうかがえるのです。

政府がファシズムに傾き始めるのは、いつ、どんなときでしょうか。そして、それはどこから来ているのでしょうか。

ほとんどの場合、ラディカルなポピュリズムの流れを受けたときです。いわばポピュリスト・ムーブメントからです。歴史を振り返るまでもなく、イタリアのムッソリーニ、ドイツのヒトラーがそうです。近年ではトルコのエルドアン、そして、トランプは、「我々は国民を代表し、エリートは愚か者である、我々はエリートに無視された一般人を代表するためにここにいるのだ」と言います。すると、大衆の中に、こういうリーダーを支持する、大規模なムーブメントのうねりが起きるのです。

投票者になるための「到達度テスト」

民主主義の代替的システムとして、いくつか挙げることができます。その中でもっとも実行可能なシステムとはどんなものでしょうか。

この場合の実行可能とは、人々がすぐさま賛成票を投じるほど圧倒的な支持を得ているという意味にもなりますが、来年にでも、ある国で実行できるという視点から見ると経済学者のブライアン・カプランが提案した「投票者になるための到達度テスト」でしょう。

このテストは、政治についての基本的知識があることに対して賞金を与えます。例えば、そのテストを受けた市民の中で、全問正解、あるいは90％の正答率となった人には1千ドルの賞金を与えます。80〜89％で500ドル、70〜79％で100ドルの賞金です。それよりも低い場合はゼロ。これは人が知識を得るのに〝賄賂〟を渡すようなものですが、これはどんな国でも来年やれと言えば、完全に実行可能と言えます。

私が試したい投票方法は、「見識ある選好による投票」です。これは子どもも含め、すべての人に投票権が平等に与えられます。何の資格もいりません。

しかし、投票するときに三つのことをしなければなりません。

一つ目は、その選挙が何についての選挙にせよ、それに対する答えを提示します。

二つ目は自分が誰であるかの情報を提供します。自分の人種、ジェンダー・アイデンティティ、性別などです。こういう要素は投票に影響します。

三つ目は、非常に基本的な政治的知識の小テストをします。例えば、今の首相は誰か。最近通過した法律にはどういうものがあるか。自分の地域の代議士は誰か。彼らが支持する政策は何か。そういう基本的な質問です。このテストの点数が悪くても投票権がなくなることはありません。

投票するにあたりこの三つを行うことで市民を啓蒙することが可能です。それが目的でもあります。こうした基礎知識があれば、どのように行動するべきか、選挙であれば誰やどの政党に投票したらよいか、ということがわかってきます。

なぜこのような提言をするかといえば、政治学者や経済学者が昔から、投票行動に知識はどのように影響するか、収入や人種がどのように投票に影響するか、といったことを究明する際にこの方法を採用してきたからです。

市民に政治的な基礎知識がなく完全に無知であった場合、何が起きるか。逆に、市民すべてが「到達度テスト」で満点であった場合、何が起きるか。どちらもシミュレーションをすることができます。現実世界における市民の投票行動は、市民が完全に無知で、愚かであったときのシミュレーションに非常に近い結果が得られます。これは興味深いことで、いかに市民が政治的な基礎知識を持たずに投票しているかがわかります。

民主主義後退の理由

今、世界的に民主主義が後退していると言われていますが、この傾向についてまず注意しなければならないのは、この主張そのものが物議を醸しているということです。この1年だけでもいくつかの定評ある政治学の専門誌でこれを疑問視する論文が掲載されています。

そもそも民主主義の後退の度合いをどのように測定するのか、という問題があります。ある国の民主主義度が下落したかどうかを測定することは、身長を測定するように簡単ではありません。カテゴリー別に査定しますが、それをやる人は往々にしてバイアスがかかっています。確かに今、民主主義の後退が起きていると言われていますが、実際に起きているかどうかは議論の余地があると言わなければなりません。

では、民主主義の後退が起きていると仮定して、なぜ起きているのか。

この問いに対して、ユニバーサルな答えはないと思います。

例えばロシアが20年前と比べると民主主義の後退がなぜ起きているのかと言っても、アメリカで民主主義の後退が起きている理由とは異なります。ブラジルでそれが起きている理由もまた異なります。

しかしそのすべてに共通する要因があります。これは民主主義自体がはらんでいる問題ですが、人は様々なテーマについて、それぞれ異なる意見を持ちます。民主主義のシステムでは反対意見を持つことが見込まれますが、それは自分の考えた通りにはならない結果になることも多数あるということです。実際、自分の考え通りにいった人が権力を持ち、リーダーとなった場合、それと反対意見を持つ市民たちが期待するようには事は進みません。

アメリカでも権威主義的思考が蔓延

私が教授を務めるジョージタウン大学の卒業生であるビル・クリントンは、自分が大統領になったとき、自分が持つ権力がどれほど小さいか、ショックを受けたと言っています。

つまり、民主主義のシステムではリーダーになっても、自分の思うように政策を実行できないことが往々にして生じます。アメリカの共和党だけでなく民主党にも、彼らに「アメリカのどこがおかしいのか」と聞くと、「民主党がやりたいすべてのことをする権力があればどれほどいいか……」と言います。これはきわめて権威主義的な思考ですが、この思考は蔓延しています。それは驚くことではありません。

ギリシャの哲学者プラトンもこの点について話していました。プラトンは、結果に失望してその一つの解決法として、権威主義に向かうと言っていました。民主主義のシステムでは、議論が際限なく続き、人はなかなか同意しません。だから、誰か強い人が出てきて国民にやるべきことを言った方がいいという具合になり、権威主義の方向に向かうのです。

つまり民主主義国家が権威主義国家になる方が、その逆よりも簡単なことなのかどうか。ときには権威主義国が民主主義国になることもありますが、なぜそうなるのかはっきりとわかっていません。私はジョージタウン大学で政治制度についての授業を持っていますが、経済学者たちとは多くの点で意見が一致しません。しかし、国の繁栄につながる制度とそうでない制度については意見が一致しています。
二、三の産油国を除いて、すべての繁栄している国はそうした制度を持っていて、その制度がない国は繁栄していません。学生たちからは繁栄していない国を繁栄する国家に変えるにはどうしたらいいかと聞かれます。それに対する答えがわかればノーベル賞がとれるでしょう（笑）。

独裁者が暗殺されて、新しい独裁者に代わる

悪い制度というのは、限られたエリートに富と権力が集中する収奪的制度のことです。そういう国では、少数の人が自分たちの利益のためにすべての人を搾取《さくしゅ》します。政府は人を抑圧して、権力を維持するために存在します。そういう国を支配している人は、その政府を転覆するために戦いが起きることを懸念しています。そこで戦いが起きると、独裁とは対極的にオープンなシステムに取って代わるのではなく、独裁的な国王のような人が現れます。国王の下にいる人は、国王を排除しようとその機会をねらっています。

同様に、ロシアにおいてもプーチンを排除しようと狙っている人がいます。それはフェアでオープンな政治システムを支持してそうしようとしているのではなく、自分がトップの座に就きたいから狙っているのです。そういう状況下で、民主主義のように自由を許すようなシステムが出てくることは非常に難しい。なぜなら、オープンなシステムに移行することは、往々にしてライバルによって弱点とみなされるからです。その好例がゴルバチョフでしょう。ゴルバチョフは実際にソ連経済を、ある程度自由化しました。さらに政治システムも昔と比べて随分自由化しました。

多くの人びとはソ連でクーデターがあったことを忘れていますが、ゴルバチョフは戦車に囲まれて、殺されかけました。1991年にソ連は崩壊しましたが、ゴルバチョフが追放されて、別の独裁者が入ってきて権力を取り戻した可能性もあります。

権威主義はずっと権威主義であるという意味で、安定する傾向にあります。しかし、権威主義は、今トップの座にいる独裁者が暗殺されて、新しい独裁者に代わるという意味では不安定です。ローマ帝国の時代が好例です。どの年をとっても皇帝が3人いて、殺し合い、権力を奪い合っていました。しかしローマ帝国は帝国のままでした。

他国の建国にかかわるのは困難

バイデン大統領を含め、多くの人がウクライナ・ロシア間の戦争は、権威主義（独裁主義）と民主主義の価値観の戦争であると主張しています。もしロシアが民主国家であれば、そもそもこの戦争が起こることはなかったでしょう。「民主的平和論」によると、民主国家は、他の民主国家と戦争しないと考えられています。1940年代にドイツとアメリカは戦争したが、それは例外かと言う人もいます。ドイツは民主国家でしたが、そうでなくなってから戦争をしています。民主国家は他の民主国家とは戦争をしない――この一般的な見方は当たっています。民主国家が他の民主国家と戦争をすることを、国民が支持しないからです。権威主義国家同士は戦争をします。また民主国家と非民主国家も戦争をします。

アメリカはアメリカ版民主主義を非西洋国家に輸出して、押し付けようとしてきました。バイデンはロシアに民主国家になってほしいと思っています。けれども、アメリカ版民主主義を他国に扶植しようとするのは、アメリカ側の傲慢であると言う人も多くいます。

私が書いた本のタイトル"Against Democracy"が示すように、私は民主主義を何よりも支持しているわけではありません。しかし権威主義と比べると民主主義の方がましであると心底思っています。そうは言っても、それを他国に押し付けることは必ずしもうまくいきません。建国の歴史は輝かしいものではありませんが、アメリカの民主主義は輝かしいものであると考える傾向があります。アメリカは第二次世界大戦後、日本やドイツを民主主義の国にしようとして、うまくいったからです。

失敗の方が多いのに、そのことをアメリカは忘れています。成功率はきわめて低いのに、です。アメリカは合理的無知が原因で、失敗の方が多いことを忘れています。合理的無知というのは、特定の種類の情報を得ることに予測されるコストが、その情報を得ることから予測される便益を上回るとき、人はあえて情報を得ようとしないことです。

もちろんロシアがより民主主義的な国家であれば、それに越したことはありません。けれどもロシアをより民主主義の国にすることについて、私はアメリカがそれをできるとは信じませんし、他の国ならそれができるかといえばそうとも思いません。

中国についても、中国が中国共産党に支配されている状態は良いとは思いません。だからといって、アメリカが中国に侵攻して中国共産党を排除し、良いシステムの実例を示すことがいいとも思いません。アメリカにはそうする能力はないと思います。

建国にかかわるのは、非常に難しい。歴史的にみると、ほとんどの国は失敗します。どうしたらうまくいくのか我々はわかっていません。良くなってほしいと思うのはいいことですが、それを直そうとすることは、やはり傲慢だと思います。ですから、アメリカが自国版の民主主義を他国に扶植しようとすることは、アメリカの傲慢であり、現実を無視した過剰な誇りであるとさえ思います。

不条理なインセンティブ

日本ではいくつかの地域で原発再稼働について、住民投票の実施を議論するところがあり、これは直接民主主義であると言われます。さきほどの投票を行う問題について、住民が無知であっても機能するものなのか。そういう疑問も予想されます。

良い決断をするのに必要なエビデンスが明白であるとき、住民投票は最大の効力を発揮します。例えば、「この道路を舗装すべきか」「この地域に学校を作るべきか」といったことです。それについて投票するための知識はそれほど要求されません。しかし、その結果が生活に影響するので、その結果とその後も共生しなければならないことが多く、それがインセンティブになって投票に行きます。

民主主義を根本的に直すのに何をすべきか。それについての私の答えはこうです。民主主義は人びとが支配することです。民主主義の問題を直すには根本を変えなければばなりませんが、その根本に当たるのが人びとです。しかし、民主主義には不条理なインセンティブの問題があります。

　不条理なインセンティブというのは、一つ一つの票が、集団行動の問題であるということです。これは例えば、あなたが飛行機に乗るのをやめたところで、気候変動を解決することはできないけれども、我々すべての人が飛行機に乗るのをやめれば、それは気候変動にインパクトを与えるということです。

　つまり我々全員が投票すれば、インパクトを与えますが、あなた一人だけがどれだけ賢く投票しても、インパクトを与えることはないということです。この集団行動の問題は、責任をあまりにも多くの人に広げることから生じます。政治家が変わらないのは、この集団行動の問題です。政治家が悪いのではなく、政治家は人々を反映していると言えるのです。

あとがき

ここに収めた7人の慧眼の士による論考は、それぞれのインタビューが元になっている。インタビューは昨年数カ月にわたって行った。フランシス・フクヤマ氏とジョセフ・ナイ氏以外はすべて対面インタビューである。私は、コロナ前なら対面インタビューが当たり前であったが、コロナ禍に突入すると、すべてオンライン・インタビューになり、コロナ禍から脱出すると8割くらい対面に切り替えている。

フクヤマ氏やナイ氏には今まで数えきれないほど対面インタビューしているので、信頼関係ができあがっている。しかし、初めてのインタビューや2回目では真の信頼関係ができない。オンラインはメカニカルで、ラポール（心の通い合った状態）が生まれないと言われるが、信頼関係ができるまでは対面インタビューがいい。

さて、民主主義は危機にさらされているとよく言われている。しかし、今回話を聞いたのは民主主義についてだけではない。それぞれの専門分野から見た国際情勢やさらに幅広いテーマを念頭に置いて聞いた。もちろん肝心の民主主義が近年危機にさらされていることは誰の目からみても明らかである。

今年は世界中で選挙が行われるので、まさに民主主義の試練の年である。

1月13日に投票が行われた台湾の総統選挙で、与党・民進党の頼清徳氏が550万票を超える票を獲得して野党の二人の候補者を破って当選した。民主主義は生き残った。

しかし、第一章（Chapter1）に登場するイアン・ブレマー氏が2024年の10大リスクのトップに挙げたように、最大の危機はアメリカである。アメリカの欠点はアメリカ型民主主義というシステムを他国に乗り出して行って、扶植しようとすることだが、そのアメリカが国内で最大の危機に直面している。

ブレマー氏は今秋行われる米大統領選は、バイデンとトランプの対決になるだろうとし、そうなったらトランプが勝利する確率は1月中旬の時点で60％であると予測している。

ブレマー氏の予測通り、ドナルド・トランプ氏が次期大統領に返り咲けば、「民主主義は後退するでしょう。トランプは民主主義後退の印です」とジョセフ・ナイ氏は明言している。

ニーアル・ファーガソン氏が引用しているように、ウィンストン・チャーチルは「民主主義は最悪の政治形態である。ただし、過去に試された他のすべての政治形態を除いては」と言い放った。私はこの箴言に100％賛同する。

最終章に登場するジェイソン・ブレナン氏は『アゲインスト・デモクラシー』というかなり挑発的なタイトルの本を上梓しているが、氏は民主主義の欠陥の解決法として、エピストクラシー（知者による支配）を提案している。

読者の中で、日本で民主主義が機能していると考える人がどれくらいいるのかわからないが、裏金作りに長じた政治家を選んでいるのは、ほかでもない我々一般市民であることを考えると、我々にも大いに責任がある。民主主義をできるだけ、その本質に合うように機能させるためには、ブレナン氏のエピストクラシーという考え方は妙案であると思う。

インタビューのほんの一部は週刊誌「ＡＥＲＡ」に掲載されたが、ほとんどが本書のために行ったインタビューである。いつ終結するかわからない二つの戦争を目の当たりにして、ますます不確実性が増していく中、貴重なインタビューの機会を与えていただいた中島美奈氏には、この場を借りてこころからお礼を申し上げたい。

大野和基

2024年1月　ロンドンにて

大野和基 おおの・かずもと
ジャーナリスト。1955年、兵庫県生まれ。大阪府立北野高校、東京外国語大学英米学科卒業。79〜97年、米国滞在。コーネル大学で化学、ニューヨーク医科大学で基礎医学を学ぶ。帰国後も海外取材豊富。ポール・クルーグマン、ジャック・アタリ、ジョセフ・ナイ、リンダ・グラットン、ジャレド・ダイアモンド、ユヴァル・ノア・ハラリ、マルクス・ガブリエルら世界的な識者への取材を精力的に行っている。近著に『私の半分はどこから来たのか——AID[非配偶者間人工授精]で生まれた子の苦悩』(朝日新聞出版)がある。

朝日新書
950

民《みん》主《しゅ》主《しゅ》義《ぎ》の危《き》機《き》

AI・戦争・災害・パンデミック——
世界の知性が語る地球規模の未来予測

2024年3月30日第1刷発行

著　者　イアン・ブレマー
フランシス・フクヤマ
ニーアル・ファーガソン
ジョセフ・ナイ
ダロン・アセモグル
シーナ・アイエンガー
ジェイソン・ブレナン

聞き手・訳　大野和基

発行者　宇都宮健太朗
カバーデザイン　アンスガー・フォルマー　田嶋佳子
印刷所　TOPPAN株式会社
発行所　朝日新聞出版
〒104-8011　東京都中央区築地5-3-2
電話　03-5541-8832（編集）
03-5540-7793（販売）

Published in Japan by Asahi Shimbun Publications Inc.
ISBN 978-4-02-295262-2
定価はカバーに表示してあります。

オホーツク核要塞
歴史と衛星画像で読み解くロシアの極東軍事戦略

小泉　悠

超人気軍事研究家が、ロシアによる北方領土を含めたオホーツク海における軍事戦略を論じる。この地で進む原子力潜水艦配備の脅威を明らかにし、終わりの見えないウクライナ戦争との関連を指摘し、日本の安全保障政策はどうあるべきか提言する。

人類の終着点
戦争・AI・ヒューマニティの未来

エマニュエル・トッド
マルクス・ガブリエル
フランシス・フクヤマ ほか

各地で頻発する戦争により、世界は「暗い過去」へと逆戻りした。一方で、飛躍的な進化を遂げたAIは、ビッグテックという新たな権力者と結託し、自由社会を脅かす。今後の人類が直面する「歴史の新たな局面」を、世界最高の知性とともに予測する。

ルポ 出稼ぎ日本人風俗嬢

松岡かすみ

性風俗業で海外に出稼ぎに行く日本女性が増えている。本書は出稼ぎ女性たちの暮らしや仕事内容を徹底取材。なぜリスクを冒して海外で身体を売るのか。貧しくなったこの国で生きていくとはどういうことか。比類なきルポ。

パラサイト難婚社会

山田昌弘

個人化の時代における「結婚・未婚・離婚」は何を意味するか？ 3組に1組が離婚し、60歳の3分の1がパートナーを持たず、男性の生涯未婚率が3割に届こうとする日本社会はどこへ向かうのか？　家族社会学の第一人者が課題に挑む、リアルな提言書。

財務3表一体理解法
「管理会計」編

國貞克則

「財務3表」の考え方で「管理会計」を読み解くと、どうなるか。原価計算や損益分岐などお馴染みの会計テーマが独特の視点で解説されていく。経営目線からの投資評価や事業再生の分析は「実践活用法」からほぼ踏襲。新しい「会計本」が誕生！